ESSAI

SUR

LE DESPOTISME.

Imprimerie d'Ant. BAILLEUL,
rue Thibautodé, N.º 8.

ESSAI

SUR

LE DESPOTISME,

PAR MIRABEAU.

Veritas filia temporis, non auctoritatis.

PARIS,

Ant. BAILLEUL, Imprimeur du Constitutionnel, rue Thibautodé, N°. 8;

Renard, libraire, rue Ste.-Anne, N°. 71;

Baudouin frères, libr., rue de Vaugirard, N°. 36.

1821.

NOTICE

HISTORIQUE

SUR LA VIE ET LES OUVRAGES

DE MIRABEAU.

———

GABRIEL-HONORÉ RIQUETTI, comte de Mirabeau , naquit à Arles, en Provence, en 1749. Il était fils aîné de Victor Riquetti, marquis de Mirabeau, et de Marie-Geneviève de Vassan, veuve du marquis de Sauvebœuf.

La nature avait donné à Mirabeau une imagination ardente et un tempérament de feu. Les passions violentes caractérisent une ame forte, et quand elles se rencontrent avec une raison droite et lumineuse, il en résulte un grand homme. Les premières années de Mirabeau furent confiées à un précepteur habile, qu'il quitta pour entrer dans la pension militaire de l'abbé Chocquart. C'est là qu'il fit et prononça, à l'âge de 17 ans, l'*Eloge du Grand-Condé, comparé avec Scipion-l'Africain*. Locke était sa lecture favorite : un tel guide devait lui révéler de bonne heure le secret de cette logique pressante et irrésistible dont tous ses écrits portent l'empreinte, et qui est la source de la véritable éloquence.

Mirabeau quitta le collège pour suivre la carrière des armes : c'était la volonté de son père. Après avoir servi quelque temps en Corse, il vint avec son régiment à Aix, où, à vingt ans, il résolut d'épouser une jeune et riche demoiselle de cette ville. Les garnisons ne sont pas les écoles des mœurs, et les dispositions les plus heureuses viennent souvent échouer contre des écueils aussi redoutables. Mirabeau, qui avait besoin d'un Mentor pour réprimer l'effervescence de son imagination, et donner une noble direction aux passions tumultueuses qui l'agitaient, ne trouva que des amis complaisans, plongés dans les plaisirs, et rivalisant entr'eux de débauche. Il suivit leur funeste exemple : au lieu d'une épouse, il ne vit qu'une dot, et elle fut bientôt dissipée. Son père, n'attendant peut-être que l'occasion de sévir contre lui, le fit enfe   er à l'île de Ré; et si des amis du marquis ne s'y fussent opposés, il allait le faire embarquer pour les colonies hollandaises, où l'on n'envoyait que le rebut des autres pays.

Cet excès de rigueur exaspéra l'ame du jeune Mirabeau : toutes ses passions se déchaînèrent. Il fallait obéir servi-

lement, ou secouer le joug qu'on lui
imposait : il n'était pas né pour être
esclave, il voulut être maître de ses volontés. Sorti de l'île de Ré, et ren-
tré dans un régiment, Mirabeau désira,
suivant l'usage, acheter une compagnie :
son père sy opposa. «Elevé dans le pré-
» jugé du service, écrivait-il ensuite(1),
» bouillant d'émulation, avide de gloire,
» robuste, audacieux, ardent, et ce-
» pendant très-flegmatique, comme
» je l'ai éprouvé dans tous les dan-
» gers où je me suis trouvé, ayant
» reçu de la nature un coup-d'œil ex-
» cellent et rapide, je devais me croire
» fait pour le service. Toutes mes vues
» s'étaient donc tournées de ce côté ;
» et quoique mon esprit affamé de
» toutes sortes de connaissances, se
» soit dirigé vers tous les genres, cinq

_____

(1) Lettre à Sophie.

» années de ma vie ont été consacrées
» presque entièrement aux études mili-
» taires : il n'est pas un livre de guerre,
» dans aucune langue, morte ou vi-
» vante, que je n'aie lu. »

D'après les ordres de son père, Mirabeau abandonna l'épée pour la char-
rue, et se livra par complaisance *aux
expériences économiques* qui oc-
cupaient *l'Ami des Hommes*. Mais
cette existence monotone ne pouvait
convenir à son tempérament actif; et
quittant bientôt le Limosin, il retourna
dans la Provence. Une querelle particulière qu'il eut à Grasse, et dans laquelle son adversaire, au lieu de répondre à son appel, porta plainte devant les tribunaux, le fit enfermer au
château d'If le 23 septembre 1774.
A vingt-un ans, il commença dans cette
prison son ESSAI SUR LE DESPOTISME.
Cette épigramme sanglante irrita son

père, qui lui en fit les plus durs reproches. Transféré ensuite à Joux en Fran-
che-Comté, il obtint la permission de
descendre quelquefois à Pontarlier, où il
fit la connaissance de Sophie Lemon-
nier, femme d'un président au parlement de Besançon. Jeune, belle et
spirituelle, elle lui inspira l'amour le
plus vif, et consentit à fuir avec lui en
Hollande. Là, caché sous le nom de
St.-Mathieu, il vécut entre sa Sophie,
des libraires et des savans, et puisa
dans ses seuls travaux littéraires ses
moyens d'existence. Le libraire Chan-
guyon l'écrasait d'ouvrage : Mirabeau
suffisait à tout ; il n'était étranger à aucun art, à aucune science ; compilateur
laborieux, il mettait tout en œuvre,
et donnait à tout une plus grande valeur. Parmi ses écrits, on distingue la
traduction d'une *Histoire d'Angleterre*. Il cédait partout à l'inspiration

de son génie; partout il écoutait l'heure
de l'inspiration: chez lui, dehors, dans
la solitude, au milieu des cercles, il
saisissait ses tablettes et écrivait. Il portait cet enthousiasme dans la société.
Sa conversation, son débit étincelaient
d'expressions et de traits. Il trace dans
ses lettres un tableau enchanteur de
cette situation obscure, mais douce ;
il regrette souvent cette médiocrité
pour laquelle il n'était pas fait. Son
père obtint que le droit des nations
fût violé : muni d'une lettre de cachet
signée *Amelot* et *Vergennes*, un
exempt de police, nommé *Debru-*
gnières, vint chercher sa proie au
sein d'un pays libre. Mirabeau est
averti, il va fuir; mais il faut mettre
Sophie en sureté. Quelques instans
perdus les livrent tous deux à *Debru-*
gnières. On le conduisit au donjon de
Vincennes en 1777. Il y resta jusqu'au

mois de décembre 1780. C'est dans cette prison qu'il *traduisit Tibulle*, les *Baisers de Jean Second*, et qu'il écrivit *ses Lettres à Sophie*. « O So-
» *phie*, lui disait-il (1), qui le jour
» troubles mon repos, qui la nuit me
» tourmentes en songe ! *Sophie*, source
» de tout bonheur, de toute volupté,
» de tout transport, crois-tu donc
» qu'elle n'est point tout aimable,
» celle qui a fixé ce cœur volage qui
» jamais ne s'était donné, ces sens
» impétueux qui m'ont tant commandé
» d'infidélités ; cet homme si blasé sur
» tout ce que le vulgaire appelle des
» plaisirs, si au-dessus de l'opinion,
» cette folle reine du monde ; si rem-
» pli d'une trop juste méfiance contre
» ton sexe, et qui, seulement depuis

_____

(1) Lettre à Sophie.

» qu'il te connaît, n'approcha jamais
» des feux sacriléges de ton temple ?
» Non, et ce remords, le plus cruel de
» tous, est étranger à mon cœur : ja-
» mais parjure ne souilla ma bouche ;
» jamais l'idée de te tromper ne dés-
» honora mon ame. Tout ce que je t'ai
» dit de mon amour, tout ce que je
» t'en ai caché, tout ce que tu en as
» senti, tout ce que tu en as deviné,
» est également vrai, profond, inal-
» térable, éternel ; il survivra à mes
» forces, à mes désirs, et les délires
» de mon imagination ne sont que ton
» moindre triomphe. Crois-tu que ce
» soit une femme ordinaire qui ait
» remporté sur moi une telle victoire ?»
Et ailleurs : « Certes, les observateurs
» vulgaires qui, ne sachant de ton his-
» toire que ce que tout le monde en
» sait, s'attendent à trouver en toi de
» l'impétuosité, de la fougue, de la vo-

» lubilité, en un mot, une tête à grands
» mouvemens, sont un peu surpris de
» n'y apercevoir que la douceur, la
» modestie, la pudeur d'une vierge.
» Pauvres gens, qui ne savent pas que
» l'amour ne naît, ne germe, ne
» s'exalte que dans une ame honnête,
» forte, concentrée ; qu'aucun senti-
» ment n'est aussi chaste que l'amour,
» aucun plaisir plus décent que la vraie
» volupté et ses jouissances; que les
» têtes les plus vigoureuses et les cœurs
» les plus ardens, ceux qui se replient
» sur eux-mêmes, et se nourrissent
» de leur propres forces, n'ont aucun
» besoin des émotions extérieures et
» étrangères, et ne s'exhalent jamais
» en vains discours ! » Comme on lui
refusait du papier, il y suppléait, en
déchirant les premières et les dernières
pages des livres qu'on lui prêtait. Son
écriture en contracta un caractère pro-

digieusement serré. Il cachait ces feuilles
dans la doublure de son habit ; et lorsqu'il sortit de prison, le 17 décembre
1780, il portait sur lui, de cette manière, le manuscrit des *Lettres de cachet*, ouvrage où il prouve avec énergie que ni la justice, ni le droit naturel, ni notre droit public, ne per-
mettent d'attenter à la liberté indivi-
duelle sans un jugement légal, et que
les lettres de cachet sont non-seulement
tyranniques, mais impuissantes et inutiles dans leurs effets.

A peine fut-il libre, qu'il écrivit à
sa femme : « Huit années ont mûri ma
» jeunesse, depuis que nous vivons
» éloignés l'un de l'autre. Je croirai
» difficilement que ces huit années dé-
» vouées au malheur, titre très-sacré
» sur les bons cœurs, m'aient chassé
» du vôtre. » Mirabeau ne s'en tint
pas à cette lettre ; il employa les plus

vives supplications pour parvenir à son
but ; mais ce fut inutilement. Furieux
de n'avoir pas réussi, il changea de
style, présenta une requête, et conclut :
« aux fins d'ordonner qu'injonction
» serait faite à madame de Mirabeau
» de se rendre auprès de lui dans trois
» jours, et d'y demeurer en qualité
» d'épouse, à la charge par lui de la
» traiter maritalement. » Un procès
scandaleux s'ouvrit : il plaida lui-même
sa cause au parlement d'Aix; mais il
la perdit, et sa femme obtint sa sépa-
ration. Il produisit une lettre, où
elle donnait prise elle-même à l'accu-
sation d'infidélité. Les juges alors ar-
guant de cette phrase du chancelier
d'Aguesseau : « Un mari qui accuse sa
» femme n'a pas le droit de demander
» sa réunion, » déboutèrent Mirabeau
de sa requête.

Après la perte de son procès, il passa

à Londres et il dit, dans ses lettres à Champfort, que deux ou trois institutions exceptées, il ne pense pas très-favorablement de l'Angleterre. Il revint en France, et le ministère l'ayant chargé d'une mission secrète en Prusse, il assista aux derniers momens de Frédéric II. C'est alors qu'il prépara son ouvrage de *la Monarchie Prussienne*. Il employa, pour y parvenir, tous les moyens imaginables, corrompit des commis, s'empara de plusieurs pièces rares, saisit des correspondances, sacrifia à propos des subalternes, et donna au ministère français de grands moyens dont on ne se servit pas. Entr'autres pièces, Mirabeau s'était procuré un état statistique secret de l'Allemagne. Il s'agissait de le traduire : il se rappela sa maxime favorite, *qu'on fait ce qu'on veut*, et il en donna la preuve. Avec un secrétaire français qui

ne savait pas l'allemand, et un valet
de chambre allemand qui ne connaissait pas le français, à l'aide du diction-
naire, il traduisit ce tableau statistique,
dont il fit passer des copies à Louis XVI.

Il revint en France au moment où
la liberté commençant à germer, les
esprits qui fermentaient, faisaient pres-
sentir la révolution. Il publia son *Histoire secrète de la cour de Berlin;*
et comme il y montrait à découvert
la bassesse, l'intrigue et la corruption
des grands, le parlement fit brûler
l'ouvrage.

Mirabeau partit pour la Provence.
Il était exclu des assemblées de la noblesse; il arbora l'étendard des communes; et, sans aucun égard pour les
droits de sa naissance, louant un ma-
gasin, il y plaça cette enseigne : *Mi-*

rabeau , marchand de draps. Les
deux communes d'Aix et de Marseille
le nommèrent aux états-généraux. On
prétend qu'il répondit à quelqu'un qui
vint lui annoncer cette nouvelle : « J'en
félicite la nation. » Mirabeau ne fut
étranger à aucun des grands travaux
de l'assemblée : c'est lui qui organisa
la garde nationale, qui fit éloigner les
troupes qui environnaient Paris, ren-
versa les ministres, proposa de natio-
naliser la dette publique , et soutint
le *veto* suspensif, en terminant son
opinion par ces mots : « Si le roi n'a
» pas ce *veto*, j'aimerais mieux vivre
». à Constantinople qu'à Paris. » La
cour avait accusé Mirabeau d'être l'auteur de l'insurrection du 6 octobre :
le parti populaire l'accusa d'avoir tran-
sigé avec la cour. « J'ai été, je suis,
» je serai, disait-il, l'homme de la li-
» berté publique : malheur aux ordres

» privilégiés ! car les priviléges fini-
» ront, le peuple est éternel. » Il fut
perdu auprès de la cour et noirci aux
yeux du parti populaire, sous le prétexte qu'il ne l'avait servi qu'à moitié.
On conjura sa perte; il ne l'ignorait pas,
et s'écriait à la tribune : « Je sais que
» la roche tarpéienne est près du Ca-
» pitole. » Les deux partis s'accusèrent
réciproquement de sa mort, qui eut lieu
le 2 avril 1791 : il avait alors 42 ans.
L'opinion générale s'accorde à dire
qu'il fut empoisonné, et que l'on employa *l'acqua-tophana*; les horribles
souffrances qu'il éprouva avant de mourir, semblèrent confirmer cette opinion;
mais son corps, ayant été ouvert, ne
présenta, d'après le rapport des mé-
decins, aucun indice de poison.

Mirabeau conserva jusqu'au dernier
moment cette force d'ame qui le ca-
ractérisait. Il ne digérait plus, et di-

sait de son estomac : « Quand le pré-
» mier fonctionnaire est mauvais, il
» faut finir. » La veille de sa mort, il
reçut les députés de l'assemblée, apprit
que l'ordre du jour était *Successions*;
et annonçant un travail sur cette matière : « Il serait piquant, dit-il, de
» lire contre les testamens l'opinion
» d'un homme qui aurait fait son tes-
» tament la veille. » Le matin même,
il avait écrit ce billet : « Non, il n'est pas
» difficile de mourir. » — « Soulève ma
» tête, disait-il à un valet de chambre,
» tu n'en porteras pas toujours une
» pareille. » La nouvelle de sa mort
fut annoncée à l'assemblée, et reçue
dans un morne silence. On lui fit de
pompeuses obsèques. Jamais la capitale
n'avait vu de cérémonie lugubre plus
majestueuse. Les spectacles furent fer-
més. On donna à la rue où il demeu-
rait le nom de *rue de Mirabeau*. L'as-

semblée nationale (1) se rendit à son domicile, où étaient déjà rassemblés le directoire du département, tous les ministres, le corps municipal, le corps électoral, plusieurs municipalités des environs de Paris, les présidens et comités des 48 sections, des députations de tous les états. Quand le convoi funèbre se mit en marche, douze mille gardes nationaux formèrent deux files, entre lesquelles passa le cortège : quatre mille citoyens vêtus de noir le suivaient. Sur les boulevards, dans toute l'étendue du chemin, l'immense population de Paris semblait se presser tout entière dans les rues, aux fenêtres des maisons, sur les toits, sur les arbres : jamais la mort n'inspira un plus haut intérêt, et n'attira un aussi grand concours de spectateurs à une

_____

(1) Journal de Paris, 4 avril 1791.

cérémonie aussi imposante. La marche
si lente de ce convoi devint plus funèbre lorsque la nuit arriva, et qu'on
entendit dans les ténèbres une musique
lugubre, interrompue par les sons du
tam tam. Dans l'intérieur de l'église
et au milieu des cérémonies, les gardes
nationaux déchargèrent leurs armes ;
et tel fut l'effet des retentissemens re-
doublés et prolongés par les voûtes du
temple, qu'on crut que le temple lui-
même allait s'écrouler sur le cercueil.

Mirabeau n'est plus! telles étaient
les seules paroles que l'on entendait
prononcer. — Transporté au Panthéon,
et placé à côté de Descartes, il en
fut retiré, par ordre de la convention,
dans un temps que tout bon citoyen
cherche à couvrir d'un voile épais,
et Marat fut mis à sa place.

On a rassemblé en cinq volumes in-8°.

la collection de ses travaux à l'assemblée nationale. Il traduisit de l'anglais, conjointement avec Durival,
l'Histoire du règne de Philippe II.
Nous avons encore de lui quelques
brochures relatives à des matières politiques et d'administration, telles que
le premier cahier de la Galerie des
Etats-généraux, où il traça lui-même
son portrait sous le nom *d'Iramba;*
l'Espion dévalisé; les Mémoires sur
les actions de la Compagnie des
Eaux de Paris; la Théorie de la
royauté, d'après la doctrine de Mil-
ton; les Mémoires de l'Etablisse-
ment sur la Banque de St.-Charles;
l'Ordre de Cincinnatus; la Caisse
d'agiotage, d'escompte, etc.; Ero-
tica Biblion, ouvrage d'une original-
lité piquante, où l'auteur a voulu
prouver que, malgré la dissolution de
nos mœurs, les anciens, et surtout les

Juifs, étaient beaucoup plus corrompus que nous. Il ne se répandit que quatorze exemplaires de la première édition, la police ayant fait saisir le reste. Ce furent *les Commentaires de don Calmet* sur la Bible, qui lui fournirent les matériaux. Dans *le Libertin de qualité*, production dégoûtante, où il atteignit le dernier degré du cynisme, il voulut épouvanter le vice de tous les rangs, en le présentant dans son effroyable nudité.

Mirabeau s'est jugé lui-même : « J'ai » toujours été, dit-il (1), le plus af- » fable des hommes avec mes inférieurs, » le plus poli et le plus ferme avec » mes égaux, le plus haut et le plus » fier avec mes supérieurs ; si c'est de » l'orgueil, il est du moins noble. Mais

_____

(1) Lettre à Sophie.

» le vrai est que je n'estime les hommes
» que par leur dedans, et non par leur
» alentour ; que je suis fier par le sen-
» timent de mon courage, de ma force,
» de ma droiture, des injustices qui
» m'ont été faites ; que je suis peu hu-
» milié par mes innombrables *fautes*
» *et défauts*, parce qu'ils n'entachent
» en rien mon honneur ; que je suis
» orgueilleux de mon amante, très-
» mécontent de mes talens, et de tout
» ce qui m'a valu des applaudissemens
» aussi futiles, et peut-être aussi men-
» songers que cet amas d'injures et de
» calomnies dont on a voulu m'écra-
» ser : bon ami, amant fidèle et dé-
» voué, excellent citoyen, si on pou-
» vait l'être dans un pays esclave ; es-
» timable par le cœur, distingué par
» l'ame, modéré par l'esprit, inégal
» par caractère. Me voilà au vrai, au

» moins tel que je me vois , et je crois
» me bien voir.

» Sans doute (1) , au milieu d'une
» jeunesse très-orageuse par la faute
» des autres , et surtout par la mienne,
» j'ai eu de grands torts , et peu
» d'hommes ont dans leur vie privée
» donné plus que moi prétexte à la
» calomnie , pâture à la médisance ;
» mais j'ose vous en attester tous , nul
» homme public n'a plus que moi le
» droit de s'honorer de sentimens cou-
» rageux, de vues désintéressées, d'une
» fière indépendance, d'une uniformité
» de principes inflexible.

» Depuis long-temps (2) mes torts
» et mes services, mes malheurs et

_____

(1) Collection des travaux de l'Assemblée
nationale , t. 2, p. 37.
(2) *Ibid.* t. 4 , p. 106.

b *

» mes succès m'ont également appelé
» à la cause de la liberté : depuis le
» donjon de Vincennes et les différens
» forts du royaume, où je n'avais pas
» élu domicile, mais où j'ai été ar-
» rêté par différens motifs, il serait
» difficile de citer un fait, un écrit,
» un discours de moi, qui ne mon-
»' trât pas un grand et énergique
» amour de la liberté.

» J'ai vu cinquante-quatre lettres
» de cachet dans ma famille; oui, mes-
» sieurs, cinquante-quatre, et j'en ai
» eu dix-sept pour ma part. Ainsi, vous
» voyez que j'ai été partagé en aîné
» de Normandie. Si cet amour de la
» liberté m'a procuré de grandes jouis-
» sances, il m'a donné aussi de grandes
» peines et de grands tourmens....

» En moins de quatre années (1),

(1) Caisse d'escompte, p. 15.

» et plaidant à la fois pour ma tête,
» pour mon pain, pour ma liberté,
» pour mon honneur ; seul et sans ap-
» pui, livrant des combats à des en-
» nemis étrangers, à des ennemis d'in-
» térêt, à des ennemis littéraires, etc.,
» j'ai trouvé le temps d'écrire sur les
» Lettres de cachet, des considérations
» sur l'Ordre de Cincinnatus, un livre
» sur la situation actuelle des affaires
» politiques de l'Europe, des Réflexions
» sur la Caisse d'escompte, etc. Voilà
» ce qu'on peut faire avec des talens
» très-médiocres, une volonté forte,
» un penchant naturel à étudier le vrai
» et l'utile. »

Quelle franchise dans ces aveux publics !

L'auteur de Corinne, qui a été si
injuste envers Mirabeau, parce que
celui-ci avait été obligé d'attaquer

M, Necker, pour soutenir la cause nationale ; madame de Staël n'a pu s'empêcher de dire : « La nature l'avait bien
» servi en lui donnant les défauts et
» les avantages qui agissent sur une
» assemblée populaire : de l'amertume,
» de la plaisanterie, de l'originalité.
» Quand il se levait pour parler, quand
» il montait à la tribune, la curiosité
» de tous était excitée. » En effet, sa
voix, comme le trident du dieu des
mers, créait ou calmait à son gré les
orages.

La justice veut qu'on peigne les
hommes par leurs vertus ; et la vie de
Mirabeau, quoique courte, a été plus
utile à son pays que l'existence passive
d'un million d'hommes : quelques écarts
de jeunesse peuvent-ils ternir la gloire
qu'il s'est acquise par ses talens ! où
voit-on la moindre trace du mal qu'il
a fait à la société ? tandis que son nom,

justement célèbre, ira, d'âge en âge,
consoler le genre humain de la tyrannie de ses persécuteurs. Les hommes
extraordinaires ont toujours été en butte
aux haines privées, et n'ont pu échapper à la calomnie chez leurs contemporains. On n'aime point le génie présent ; son élévation incommode et fa-
tigue ; l'ignorance orgueilleuse lance le
ridicule ; l'envie éclairée travaille par
des manœuvres sourdes ; et une classe
plus nuisible encore est celle des gens
médiocres, qui, courant la même carrière, non-seulement osent juger, mais
tentent d'abaisser ce qu'ils ne peuvent
atteindre. Mais la postérité, exempte de
passions, placera *Mirabeau* auprès de
Cicéron et de *Démosthènes ;* et un
sourire de la patrie dédommage de bien
des maux.

Voici le portrait que Laharpe en
a tracé : « Mirabeau était né avec une

» ame ardente et forte, un génie puis-
» sant et flexible, une vivacité d'ima-
» gination qui ne nuisait en rien à la
» justesse des idées ; un penchant ef-
» fréné pour le plaisir ; une activité de
» pensée qui semblait dévorer tous les
» objets, et une promptitude de mé-
» moire qui les embrassait tous. Né
» d'un père qui avait de l'esprit et des
» connaissances, son éducation fut soi-
» gnée comme elle pouvait l'être alors:
» mais les hommes tels que lui font
» toujours la leur ; et son caractère et
» les circonstances lui procurèrent bien-
» tôt la plus rude, mais aussi la plus
» instructive de toutes, celle du mal-
» heur. Son premier ennemi fut son
» père. Cet homme impérieux et bi-
» zarre aperçut bien vite dans la jeu-
» nesse de son fils et dans le premier
» développement de ses facultés, un
» esprit d'indépendance dont il fut

» blessé, et une supériorité de talens
» qui menaçait sa vanité. Si c'eût été
» un citoyen et un père, il eût pensé
» comme ces anciens républicains, dont
» le premier vœu était d'être surpassés
» par leur fils ; mais l'orgueil du rang
» et des opinions n'en avait fait qu'un
» despote. Il fut jaloux, et le fut à l'ex-
» cès. Il devint un vrai tyran, en refusant
» à son fils l'honnête nécessaire, en
» traitant avec une sévérité outrée des
» erreurs de jeunesse, en lui montrant
» sans cesse la rigueur d'un juge, l'au-
» torité d'un père et la sombre dé-
» fiance d'un ennemi. Enfin, en lui
» fermant absolument son âme, il ré-
» volta celle d'un jeune homme fier
» et sensible, qui avait déjà la con-
» naissance raisonnée de ses droits,
» et déjà le premier sentiment de ses
» forces. Au lieu de prendre des arran-
» gemens convenables, qu'une grande

» richesse mettait à sa disposition,
» pour payer les dettes de son fils, il
» parut désirer enchaîner le génie de
» ce jeune homme par des embarras
» de fortune. »

Barnave donna l'idée de graver sur
le buste de Mirabeau la réponse qu'il
adressa à M. de Brézé, lorsqu'après
la séance du 23 juin, celui-ci apporta
à l'assemblée nationale l'ordre du Roi
» de se séparer. « *Allez dire à votre*
» *maître que nous sommes ici par*
» *la puissance du peuple, et que*
» *nous n'en sortirons que par la*
» *force des baïonnettes.* »

ESSAI

SUR LE

DESPOTISME.

Toutes les sensations s'émoussent chez les hommes ; toutes les opinions s'altèrent ; les langues, truchement général de l'humanité, éprouvent les mêmes variations, et parcourent les mêmes périodes. Les acceptions diffèrent d'un siècle, d'une révolution à l'autre, jusqu'à devenir méconnaissable.

Personne n'ignore l'étymologie du mot Despote (1), dénomination autrefois desti-

---

(1) Ce mot vient du grec DESPOTÈS, et signifie *maître* ou *seigneur*.

Usurpateur, despote ou *tyran*, dans l'acception moderne donnée à ces mots, s'exprimait en grec par le mot TURRANNOS.

Il y a dans le bas-empire une dignité indiquée par le mot *despote*. L'empereur *Alexis*, surnommé l'*Ange*, créa cette dignité, et lui donna le premier rang après l'empereur.

née à l'autorité tutélaire, et devenue dans
nos langues le signal de la tyrannie et l'éveil
de la terreur.

Je ne considérerai dans cet essai les mots
DESPOTE et DESPOTISME, que dans leur acception moderne.

Commençons par observer dans le cœur
humain la passion qui produit le despotisme.
Nous le définirons ensuite ; et c'est dans
cette définition même qu'on apprendra à
l'apprécier.

L'homme est-il enclin au despotisme ?

Cette question philosophique, peut-être
plus curieuse qu'importante, et dans laquelle, comme dans toutes les autres, il faut
fixer et circonscrire la signification des mots
avec l'exactitude la plus rigoureuse, nécessite une distinction préliminaire.

L'homme naturel et *l'homme social* diffèrent par des nuances infinies, qu'il ne faut
jamais confondre. Il n'y a guère plus de
comparaison entre l'individu naturel, et
l'individu modifié par la société, qu'entre
un citoyen ordinaire et un castor très-indus-
trieusement organisé ; et, sans étaler ici une
inutile érudition, on peut conclure, en général, du peu de lumières recueillies à cet

égard, que non-seulement l'homme sauvage
n'est presque point éloigné de l'état animal,
(quoiqu'il en soit plus ou moins distant,
selon les circonstances du climat sous lequel
il respire, ou de la constitution physique que
lui a départie la nature); mais encore que
l'homme social, réduit à la vie sauvage,
perdrait la plus grande partie des notions,
des connaissances et des passions qui distinguent notre manière d'être, de la vie purement animale (1).

Mais est-il très-nécessaire au perfectionnement de l'organisation des sociétés de
savoir précisément ce qu'était l'homme
naturel ?

Il serait malheureux que cela fût; car il
est à peu près impossible de satisfaire à cet
égard notre curiosité.

Nous connaissons bien imparfaitement le
peu *d'hommes naturels* que nous avons trou-
vés sur le globe, et nous nous sommes beau-

_____

(1) Voyez dans les excellentes *Recherches philosophiques sur les Américains*, l'histoire de l'infortuné
écossais nommé Selkirk, et dans la *Défense de ces
mêmes Recherches*, l'exemple d'un mathématicien
nommé Marcial.

coup plus occupés à les massacrer qu'à les
observer. Des milliers de brigands ont
immolé trente millions d'hommes dans ce
vaste hémisphère, si long temps dérobé à
notre entreprenante cupidité : il n'est pas
un seul philosophe qui nous ait transmis ses
recherches sur ces victimes infortunées :
l'Europe ne portait, lors de cette découverte, que des hommes de fer.

Si les *Orang-Outangs*, cette espèce d'animaux si rapprochée de notre configuration,
et peut-être de l'instinct humain, que les
naturalistes sont presque incertains sur la
classe dans laquelle ils doivent les ranger;
si les *Orang-Outangs* acquéraient jamais les
connaissances de l'homme, il serait fort curieux et fort utile aux premiers d'entre eux
réunis en société, d'observer par quelle
gradation ils auraient fait tant de progrès :
probablement ils ne s'en occuperaient point,
car ils n'en auraient pas le temps; et, d'ailleurs, ils ne seraient pas plus capables encore
d'observer, que de sentir le prix des observations. Mais si cette société était parvenue à ce degré de perfection, je crois que ce
serait un temps inutilement perdu pour elle,
que celui qu'elle consumerait en vains efforts

pour se rappeler les détails de la vie animale de chacun de ses individus.

Ne cherchez point dans cette comparaison ce qui peut tourner au ridicule; car une plaisanterie bonne ou mauvaise ne prouve rien, et convenez :

Que l'homme naturel n'est probablement qu'un animal d'une organisation très-supérieure, mais surtout incomparable à toute autre espèce, par son instinct pour la société, beaucoup plus impérieux que dans tous les autres animaux; instinct qui développe et met en œuvre toute sa perfectibilité.

Si donc, comme j'espère le prouver à sa place, la formation des sociétés est le résultat nécessaire de l'instinct social que l'homme a reçu de la nature, il nous importe peu de savoir quels sont les sentimens de l'homme naturel, pourvu que nous connaissions ses penchans sociaux.

C'est ainsi qu'on doit mettre à l'écart tous ces problèmes dont la discussion n'intéresse guère que l'amour-propre de celui qui s'efforce de les résoudre.

C'est ainsi qu'il faudrait simplifier cette question si long-temps et si diversement agitée, et qui tient inséparablement à mon sujet : *L'homme est-il naturellement bon ou méchant ?*

Le philosophe (1) de Malmesbury, Carneades, long-temps avant lui, et bien d'autres prétendus sages, après, nous offrent d'un côté des déclamations et des subtilités, et ne font honneur ni à leur esprit ni à leur cœur, en nous assurant que l'homme est mauvais par essence.

S'il pouvait être utile de croire une vérité aussi triste, les fanatiques, les intolérans, l'histoire des croisades, et surtout celle de l'indéfinissable fureur des européens dans le nouveau-monde, nous persuaderaient plutôt que la plus sombre éloquence, dont le coloris et les efforts seront toujours fort au-dessous des forfaits humains.

Mais j'ai dit qu'une pareille opinion semble éclairer également un esprit faux et un cœur pervers.

Un auteur fait tort à son cœur, en soutenant un tel principe, parce qu'il donne lieu de penser qu'il juge des autres par lui-

---

(1) Hobbes.

même. La véritable vertu est toujours douce et indulgente.

Il ne fait pas plus d'honneur à son esprit, parce qu'il soutient une erreur évidente, (car le monde n'existerait pas, si l'homme était essentiellement méchant ; et il n'est pas un être humain assez malheureux, pour n'avoir pas éprouvé quelquefois en sa vie qu'il était compatissant et bienfaisant par instinct) ; parce qu'il conclut un principe général des faits particuliers, preuve presque certaine d'un esprit faux et borné ; parce qu'il déshonore et ravale la nature humaine en pure perte : car quelle utilité pouvons-nous retirer de ce principe, *que l'homme est méchant ?*.... Vous serez en garde contre lui, me dira-t-on. Eh ! ne voyez-vous pas que la méchanceté de tant d'hommes l'emportera sur ma méfiance ?

Des philosophes plus amis de l'humanité, plus sensibles, plus éclairés, nous disent : *L'homme naturel est juste et bienfaisant.*

Quand ces respectables *philantropes* auraient tort, ils s'égareraient par enthousiasme du bien ; et j'ose vous assurer que leur erreur serait encore utile et consolante.

Mais substituez le mot *social* au mot *natu-*

rel, et ils auront rigoureusement raison ;
car si l'on peut leur objecter que l'homme
naturel, excité par ses besoins, emporté par
sa fougue, peut ignorer ou méconnaître cette
vertu qu'on appelle *bienfaisance* : qu'il ne
sait ce que c'est que *justice*, parce qu'elle
n'est produite que par les relations de la
société, ils répondront :

L'homme naturel ne saurait être conçu
sans aucune relation. Cette abstraction est
purement idéale et incompréhensible. Moins
ces relations sont intimes, moins elles sont
étendues, et plus il est sauvage, c'est-à-dire,
effarouché par l'idée du besoin qui le menace
sans cesse ; car il a d'autant moins de res-
source pour le satisfaire, qu'il est plus isolé ;
il est emporté par l'impulsion des passions,
d'autant plus désordonnées qu'elles sont
moins éclairées et plus solitaires.

Qu'avons-nous donc prétendu dire ? Que
la sociabilité, la première des vertus, parce
qu'elle est le premier des besoins, nécessite
la justice, d'où dépend, ou plutôt qui renferme toutes les vertus ; oui, toutes les
vertus, la bienfaisance elle-même.

Il est évident que l'injustice autorisée ne

pourrait qu'être la dissolution de toute société. Toute association suppose donc des *droits*, des *devoirs* et une justice exécutive. Si la *ville des scélérats*, dont parle Pline (1), et dans laquelle Philippe confina, dit-on, tous les méchans qu'il trouva dans ses états, a jamais existé, leurs lois furent justes, leur police active et sévère... Si cela n'est pas, elle n'a pas subsisté. La société ne nécessite donc pas la corruption de l'espèce, comme n'ont pas rougi de l'avancer quelques déclamateurs. Si la société nécessite, au contraire, une harmonie de conduite que l'on appelle *justice*, l'homme, qu'un instinct irrésistible invite à la société, n'est pas un être méchant.

Je ne crois pas qu'on puisse rien objecter sérieusement à ces principes simples et évidens; *rien de sérieux*, dis-je, car je n'ignore point qu'on peut contredire toutes les vérités, et j'abandonne volontiers aux sophistes l'avantage de disputer sur tout :

Transcurramus solertissimas nugas.

Je m'engage seulement à prouver dans

_____

(1) Hist. , l. 4, c. 2.

tout le cours de cet ouvrage, que l'homme social est essentiellement et naturellement bon; qu'il ne peut être heureux qu'en remplissant cette condition nécessaire de son être, et qu'il sera toujours juste et heureux quand on l'éclairera sur ses véritables intérêts, qui sont toujours conformes à la justice, et relatifs à son bonheur.

J'établirai, en me renfermant dans mon objet; qui est de peindre le despotisme, ses dangers et ses ravages, que les faits particuliers et sans nombre que l'on pourrait avancer contre le principe que je viens d'établir; viennent tous à son appui; lorsqu'on les considère sous leur véritable point de vue, en les rapprochant des causes qui les ont produits.

En général, toutes les passions humaines peuvent être dirigées vers la justice, ou réprimées et presque détruites en considération de la justice. Il ne faut pour cela que savoir apprécier et calculer ses véritables intérêts; et le plus honnête homme, dans quelque état qu'il soit placé, sera celui qui les calculera le mieux. Si la nature n'avait pas voulu que toutes les passions pussent être dirigées vers le bien général, elle n'aurait pas voulu la société; car les passions ennemies les unes des autres, et dans un état perpétuel de guerre, nécessitent la destruction de la société.

Ces principes que je crois vrais, qui du moins ne sauraient être dangereux, et sur lesquels je reviendrai souvent dans le cours de cet ouvrage, une fois posés, je reviens au despotisme, et je ne crains pas d'avouer :

Que le *désir d'être despote* est aussi naturel à l'homme réuni en société, *que la haine des despotes* l'est à celui que la servitude n'a point dénaturé.

J'ai dit *réuni en société* : en effet, on peut croire que l'homme, dans l'état de nature, ne veut ni commander ni dépendre, jusqu'au moment du besoin, qui n'est qu'une fougue purement physique, nullement raisonnée, et aussi passagère que violente; mais dans l'état social, les idées s'étendent, les désirs s'aiguisent, les passions se développent; et celle de dominer est l'une des premières qui germent dans le cœur humain, comme elle est la plus rapide à s'accroître; c'est la soif inextinguible de l'hydropique.

Voyez l'enfant au collége, observez-le

même au berceau (1) ; vous reconnaîtrez déjà les traces de ce sentiment que nos institutions nourrissent avec soin ; car la première éducation de l'homme semble également arrangée pour le disposer à être esclave et tyran.

Suivez le citoyen dans sa domesticité, le colon du nouveau-monde dans son habitation, le guerrier dans les camps, l'homme de lettres dans le silence du cabinet, le ministre de la religion au pied des autels : vous verrez chacun de ces êtres luttant pour s'arroger une autorité despotique sur d'autres individus : c'est le vœu constant de l'humanité.

Considérez tous les peuples ; parcourez l'histoire : on n'y trouve guère que des noms de conquérans et de despotes.

Les républiques, sorte de confédération peut-être la plus despotique de toutes, mais dont l'amour de la liberté et les vexations

_____

(1) L'enfant à six mois n'est pas aussi machine que l'on pense. Ses langes gênent sa liberté ; vous choyez ses pleurs. Il vous importunera sans doute pour être obéi : voilà la première leçon et le premier acte du despotisme.

d'un pouvoir abusif, donnèrent sans doute la première idée; les républiques maintiennent avec soin leur indépendance, augmentent avec ardeur leur puissance, leurs richesses et leurs forces, dans le seul objet d'asservir.

Les romains, exaltés par l'esprit patriotique le plus étonnant, dont ils ont seuls donné l'exemple à ce degré de succès et d'activité, ravagèrent et conquirent tout ce qu'ils connaissaient des trois parties du monde alors découvert. (Les malheurs de l'autre hémisphère n'étaient que différés.) L'honneur de subjuguer et de conquérir fut le seul objet de la politique, de la liberté, de l'émulation de ces républicains trop fameux (1), que des barbares, plus philosophes en cela que les historiens, appelaient à si juste titre *les fléaux de l'univers, brigands de toutes les terres, et pirates de toutes les mers* (2).

---

(1) Les bretons.

(2) *Raptores orbis, postquàm cuncta vastantibus defuére terræ, et mare scrutantur; si locuples hostis est, avari; si pauper, ambitiosi* (Tacit. , Vit. Agricol.)

Les anglais, idolâtres de leur liberté, qu'ils ont acquise et défendue par les armes du fanatisme même, étendent sur l'Asie un sceptre de fer, s'efforcent d'asservir l'Amérique septentrionale, et tyrannisent implacablement tout ce qui approche leurs possessions. Bientôt, pour échapper à la tyrannie, elles seront forcées de se séparer absolument de la métropole, et peut-être de lui donner la loi (1).

Les hollandais, qui ont acheté leur indépendance par tant d'industrie, de sagesse, de patience, d'opiniâtreté, oppriment les

---

(1) Dans tous les temps, la même conduite eut les mêmes suites. Voyez Thucidides, Xénophon, Denis d'Halicarnasse, Strabon, etc.

Les députés de Corcyre, sollicitant à Athènes le secours de la république en faveur d'Épidamne contre les corinthiens, disaient au peuple assemblé : « Les corinthiens objecteront qu'il n'est pas juste de » prendre la défense d'une colonie contre sa métropole ; mais une colonie n'est obligée envers sa métropole, qu'autant qu'elle lui tient lieu de mère, » et non de marâtre ; elle n'en est point sortie pour » être son esclave, mais pour partager, comme sa » compagne, tous ses droits et tous ses privilèges. » *(Thucidides.)*

peuples que les mers les plus étendues semblaient protéger et mettre à l'abri de leur
cupidité.

Qui ne connaît pas l'astuce, la cruauté,
les vexations des petites républiques italien-
nes, dont la politique est le chef-d'œuvre
de la tyrannie?

Un seul pays enfin offre à l'Europe l'exemple d'un gouvernement qui ne se propose
d'autre objet que *liberté et prospérité*. Les
suisses n'ont usé de leurs forces que pour
secouer le joug, et pour recouvrer leurs
droits naturels. Leurs efforts n'ont nui qu'à
des tyrans. Ce peuple respectable, exempt
d'ambition, assez puissant pour se reposer
sur lui-même du maintien de sa liberté, et
pour substituer la franchise et la probité aux
ruses et aux tracasseries décorées du beau
nom de *politique*, dans un siècle où l'abus
des mots forme une grande partie de l'art
de raisonner; ce peuple, dis-je, a travaillé
pendant deux cents ans avec la même
constance, la même modération et le même
bonheur, à consolider et finir l'ouvrage d'une
révolution opérée en quelques instans. Il est
vraiment libre, car il ne veut être que cela.
Ses projets sages, justes et modérés, puis-

qu'ils ne s'étendent pas plus loin que l'intérêt de son indépendance, ne fournissent
ni occasions ni prétextes à ses voisins. On ne
réduit point à l'esclavage celui qui dédaigne
le despotisme. Les suisses commercent de
soldats, comme les hollandais d'épiceries ;
mais ils ont tous réellement une patrie, au
sein de laquelle ils sont sûrs de trouver *protection, tranquillité et liberté*. Leurs yeux
sont souillés (1) du spectacle de la servitude
de l'Europe; mais ils en ont préservé leur
constitution et leurs mœurs. C'est à la Suisse
qu'on peut appliquer ce qu'un grand historien (2) a dit autrefois de sa république :

---

(1) Expression de Tacite, qui, dans la belle ha-
rangue de Galgaque à ses compatriotes bretons, dit,
en vantant leur position :

« *Nobilissimi tetius Britanniæ, eoque in ipsis
» penetralibus siti, nec servientium littora aspi-
» cientes, oculos quoque à contactu dominationis
» inviolatos habebamus.* »

(2) *Nulla unquàm respublica nec major, nec
sanctior, nec bonis exemplis ditior fuit, nec in quam
tàm serò avaritia luxuriaque immigraverint; nec
ubi tantus ac tamdiù paupertati ac parcimoniæ, honor fuerit.* (Tit.-Liv., Hist., l. 1.)

qu'il n'y en a jamais eu une qui ait été plus riche en bons exemples, qui ait conservé plus long-temps sa grandeur et son innocence; où la pudeur, la frugalité, la modestie, compagnes d'une généreuse et respectable pauvreté, aient été plus long-temps en honneur, et où la contagion du luxe, de l'avarice et des autres passions qui accompagnent les richesses, aient pénétré plus tard.

Heureux, cent fois heureux ces peuples respectables, s'ils n'échangent point cette solide prospérité, cette inestimable médiocrité, contre un bonheur illusoires, factice et destructeur! Heureux, si le luxe ne vient point altérer leurs principes et corrompre leurs mœurs (1); si la jalousie ne prend pas chez eux la place de l'émulation! Heureux enfin, si la disproportion des forces, et la rivalité des différens membres de cette belle association, agitée sans cesse par des intrigues républicaines, ne renversent pas bientôt l'édifice de leur liberté, ou ne troublent pas du

_____

(1) Ceci ne regarde déjà plus que les petits cantons.

moins leur sage et paisible constitution (1)!
Que le sort de la Grèce, cette république
fédérative si florissante, inspire à la Suisse

---

(1) On sait combien la Suisse se méfie du canton
de Berne.

J'ajouterai encore ici quelques réflexions d'un
suisse, homme de beaucoup d'esprit et très-ins-
truit.

Je crois, comme vous, disait-il, que tôt ou tard
nous serons les victimes de notre méfiance et de nos
jalousies. Ce qu'il y a de plus triste, c'est que nous
ne pourrons nous en prendre qu'à nous-mêmes. Il
serait peut-être un moyen de prévenir ce malheur,
et le voici :

Je voudrais établir dans une ville quelconque, si-
tuée au centre de la Suisse, un conseil permanent,
composé de deux députés de chaque canton. Là, se
porteraient toutes les affaires qui concernent le corps
helvétique. Chaque canton aurait communiqué d'a-
vance son opinion à ses députés, qui n'agiraient,
comme de droit, qu'en conséquence des ordres de
leurs chefs. Ce conseil serait chargé de faire toutes
les dépêches pour le corps helvétique, tant au dedans
qu'au dehors. De cet établissement, résulteraient
deux avantages bien propres à affermir la liberté et
la prospérité de notre patrie :

1.º. Une plus grande force contre un ennemi commun. J'ose encore me persuader que tant que les

une salutaire méfiance. L'orgueil d'Athènes
et la jalousie des grecs bannirent pour ja-

Suisses seront unis , ils seront en état de se défendre
contre quiconque osera les attaquer.

2°. Une paix plus profonde et plus constante entre
les cantons mêmes. Toujours occupés de l'intérêt général , ces députés perdraient de vue leur intérêt
particulier, ou plutôt ils n'en auraient point qui ne
se rapportât au bien public. On frémit encore quand
on pense qu'en 1712 , des dissensions intestines mirent la Suisse à deux doigts de sa perte. Dans les circonstances actuelles , qui ne sont rien moins que favorables aux républiques , il ne faudrait qu'une pareille querelle, pour nous faire tomber de l'état le
plus heureux dans la condition la plus déplorable.

Je remarquerai, de plus, qu'il serait nécessaire que
les alliés du corps helvétique eussent , comme les
cantons mêmes,leurs députés à ce conseil permanent.
On ne verrait plus agiter ces questions inquiétantes:
*La souveraineté de Neuchâtel fait-elle partie du
corps helvétique, ou non ?L'évêché de Bâle et l'ab-
baye de Saint-Gall sont-ils des fiefs de l'empire ?*
On craindrait par conséquent moins de voir les frontières de la Suisse devenir le théâtre de la guerre en
cas de rupture entre l'Empire, laFrance t laPrusse;
ce qui serait inévitable ; si l'une de ces trois puissances envisageait ces pays comme indépendans de
la Suisse.

mais la liberté de ces contrées si long-temps fortunées.

Tel est et fut toujours notre monde, couvert tour à tour de conquérans et d'esclaves ; car les conquérans, en forgeant les fers des malheureux qu'ils enchaînent, aiguisent ceux qui doivent les renverser un jour.

Tel est et sera toujours l'homme, tour à tour *despote et asservi* ; car l'homme, dénaturé par la servitude, devient aisément le plus féroce des animaux, s'il échappe un instant à l'oppression. Il n'est qu'un pas du despote à l'esclave, de l'esclave au despote, et le fer le franchit aisément.

Si tous les hommes aiment à dominer, ceux à qui la société défère le premier rang, doivent ressentir bien plus vivement encore les plaisirs de l'autorité, et s'efforcer d'en reculer les bornes, puisqu'ils ont en main tous les moyens pour y parvenir.

Ce n'est donc pas l'abus du pouvoir qui me paraît inconcevable ; il est dans la nature, comme l'excès de toute autre passion ; et le premier aspect en est si séduisant, qu'on s'y livrerait avidement, si la réflexion et l'expérience n'en décelaient pas les dangers.

Ne concluez pas de tout ceci que ce soit une contradiction d'admettre tout à la fois que l'homme est *naturellement bon*, et cependant *enclin au despotisme*: car la justice ou la bonté (ce sont les mêmes vertus, ou du moins elles sont inséparablement unies) consistent à donner un frein à ses passions, à les subordonner au bien général, dans lequel se trouve toujours le bien réel et durable de l'individu; mais elle ne consiste pas à ne point avoir de passions: dépouillement absurde, impossible, et d'où s'ensuivrait l'anéantissement de toute moralité.

Il n'est aucune passion dont on ne puisse dire avec autant de raison, que de notre penchant au despotisme, que l'homme ne doit point l'avoir, s'il est naturellement bon: nouvelle carrière de sophismes et de déclamations, que j'abandonne très-volontiers aux rhéteurs à prétention.

Ce penchant général à l'invasion une fois admis et reconnu, l'on sent bientôt la nécessité de s'opposer continuellement à la tyrannie qui nous menace sans cesse, puisque chacun de nous en a le germe dans son cœur: *vetus ac jampridem insita mortalibus potentiæ cupido*, dit Tacite, cet observateur si fin et si vrai du cœur humain (1).

On doit apercevoir encore dans une passion aussi générale, aussi active, aussi industrieuse, la nécessité d'être juste; car quel droit ai-je de repousser l'oppression, si j'opprime? Quel espoir ai-je d'être tranquille, si je donne l'exemple du trouble?

Cependant quelques hommes sont les fauteurs et les satellites du despotisme. Il en est peu qui apprécient ses ravages, et luttent contre ses progrès. On ne s'occupe ni d'éclairer ni de contenir les chefs des sociétés, et l'on ne pense pas que l'autorité tutélaire, la seule légitime, la seule respectable, la seule qui puisse et qui doive subsister, parce qu'elle est la seule nécessaire aux hommes, se corrompt le plus souvent par le propre exercice de sa puissance, et devient d'autant plus aisément dangereuse, qu'elle inspire plus de confiance, et qu'on s'occupe moins de la resserrer.

Car enfin tel est l'homme; il empiète

---

(1) *Natura mortalium avida imperii et præceps ad explendam animi cupidinem.* (Sallust., Hist. Jugur.)

sans cesse. Les moralistes ont répété dans tous les siècles, que chacun se fait justice au fond de son cœur. Je voudrais le croire ; mais je découvre à tous les pas le combat inégal de l'intérêt et de la conscience ; et cette conscience, au tribunal de laquelle on prétend que tous les hommes ressortissent, fascine le plus souvent notre jugement et nos yeux, et produit sur nous l'effet de l'anneau de Gygès : elle est le courtisan le plus adulateur des passions humaines, très-équitable d'ailleurs, lorsqu'elle apprécie des actions qui n'intéressent pas ces passions.

Voilà, pour le dire en passant, pourquoi l'administrateur et l'instructeur influent si différemment sur les hommes et les sociétés.

L'instruction est toujours vague et générale, et n'attaque personne dans son intérêt personnel. Or, les hommes, qui sont fripons en détail, sont cependant honnêtes, pris en masse, dit M. Montesquieu ; et chaque homme se réservant tacitement le droit de s'approprier le plus de biens, d'aisances, de commodités et d'avantages qu'il lui sera possible, approuve celui qui recommande le bien de tous.

L'action est différente; il faut compter avec celui qui agit. Dès lors il faudrait renoncer à ses avantages usurpés : c'est ce que personne ne veut faire.

Ajoutez que l'instructeur répand beaucoup d'idées qui fructifieront dans les temps à venir, et que l'administrateur n'a le plus souvent d'influence que pendant son action. C'est précisément dans cet instant qu'il ne trouve presque jamais qu'une faiblesse lâche et paresseuse dans ceux qui voudraient le bien, tandis que ceux qui veulent le mal, lui opposent une force prodigieuse, parce qu'il opère leur avantage immédiat et particulier.

Revenons, et convenons que le désir de la supériorité est la passion la plus active du cœur humain. Ajoutons qu'il est impossible à l'homme, qu'un grand intérêt ne modérera pas, de ne pas se prévaloir de sa supériorité.

Le désir d'abaisser les autres tient donc inséparablement à celui de s'élever. Ces deux passions combinées produisent la *tyrannie* et *l'esclavage*.

Beaucoup d'hommes ont écrit sur l'esclavage; tous en parlent, car tel, dans notre

Europe, est esclave, qui certainement ne
s'en doute pas. Tous l'ont appelé l'ALIÉNA-
TION DE LA LIBERTÉ (1), sans avoir fixé l'idée
de ce mot LIBERTÉ, autrement que par un
gallimatias confus et inintelligible.

Cette définition de l'esclavage me paraît
aussi dangereuse qu'elle est fausse ; car elle
suppose qu'il est permis à l'homme *d'aliéner
sa liberté.*

Je n'envisagerai point cette discussion
sous le point de vue moral, comme l'a fait
M. Rousseau, de Genève. Ce serait un temps
perdu que de l'entreprendre après un pareil
écrivain, et je pense, d'ailleurs, que cette
peine serait inutilement employée.

C'est assez, pour trancher toute question
à cet égard, d'établir que *l'aliénation de sa
liberté*, ou, pour parler plus exactement, *le
don de sa propriété personnelle*, est impossible ; et cette proposition est évidente.

Dites au despote qui prétend être né
maître absolu des esclaves qu'il opprime et
oule à son gré, de s'approprier leurs plai-

---

(1) Ou du moins toutes leurs définitions revien-
nent à celle-là.

2

sirs, leurs peines, leurs sensations, leurs
forces, toutes les facultés enfin qui composent la *propriété personnelle;* il vous ré-
pondra peut-être par un bourreau; c'est
l'unique raison des tyrans. Déplorons son
aveuglement, détestons ses principes; mais
ne nous laissons jamais persuader par la
violence. Il est aussi honteux de se laisser
subjuguer par elle, qu'il est odieux de
l'exercer.

L'homme ne saurait franchir les bornes
dans lesquelles la sage nature l'a circonscrit,
Nul individu ne saurait s'approprier un
autre individu, que sous des *conditions
physiques obligatoires.* J'ai mon existence
au même titre que celui qui voudrait en
user pour son propre avantage; je la tiens,
comme lui, de la main bienfaisante de l'Auteur de la nature, qui m'a donné le droit
et le pouvoir d'user de ses dons, comme à
tous mes semblables. Aucun d'eux n'a donc
d'autres droits sur moi, sur mon travail, ou,
ce qui revient au même, sur mes *propriétés,*
que ceux que j'ai sur lui; et nous ne pouvons
jamais qu'*échanger nos facultés;* nous ne
saurions *engager notre existence,* par la
raison très-simple et très-concluante qu'il

nous est impossible d'en changer avec qui que ce soit.

On peut détruire la vie d'un homme par un crime affreux ; mais ce n'est pas *s'appro- prier mon existence*, que de me l'arracher. Remarquez, à ce sujet, combien est absurde l'opinion des prétendus philosophes qui ont érigé la violence en titre, qui ont établi un *droit de conquête*, et reconnu aux conqué- rans le pouvoir légitime d'accorder la vie ou de donner la mort. Il n'est pas vrai *que le droit de vie et de mort*, exercé par un homme sur un autre homme, ait jamais été autre chose qu'un acte de frénésie; car votre ennemi, réduit à l'esclavage, peut vous être encore utile, pourvu que vous sustentiez sa vie ; et c'est là du moins le droit qu'il a sur vous et la relation qui vous lie; mais le mas- sacre d'un homme n'est bon à rien, qu'à dé- shonorer et soulever l'humanité...(1)Le droit de vie et de mort !.. Et quel autre que l'Au- teur de notre être peut l'exercer?

D'homme à homme, *les droits* sont donc

---

(1) *Vendere cum possis captivum, occidere noli; Serviet utiliter.*

(Horat., l. 1, épist. 16.)

toujours *respectifs. La propriété personnelle* ne peut se livrer.

La liberté ne saurait *s'aliéner.* Ce premier don de la nature est imprescriptible ; et les hommes, même dans leur délire, ne sauraient y renoncer.

Les ordonnances des rois de France (1), qui prescrivent les affranchissemens *sous des conditions justes et modérées*, sont la preuve la plus authentique et la plus humiliante du degré de barbarie, de déraison et d'ignorance, auquel les hommes peuvent atteindre. Ces bienfaiteurs du 14e. siècle croyaient faire grâce à la plus grande partie des hommes (car, dans tous les pays, les ESCLAVES OU VILLAINS furent la classe la plus nombreuse), en leur accordant la faculté de vivre et de respirer pour eux. Ils imaginaient que l'homme pouvait être rangé sous un esclavage légitime , puisqu'ils prescrivaient les conditions *douces et modérées*, sous lesquelles leurs sujets pourraient recouvrer leur liberté. Remarquez cependant qu'accorder les affranchissemens sous des

_____

(1) Louis IX et son frère Philippe , 1318.

conditions quelconques, c'était *modifier* l'esclavage, et non pas le détruire. Remarquez encore que cet acte de législation, sublime pour ces siècles sauvages; mais plutôt dicté par la politique qu'inspiré par l'humanité, n'était guère motivé que par un jeu de mots. « Leur royaume étant ap » pelé le royaume des Francs, ils voulaient » qu'il le fût en réalité comme de nom. »

Si nous ne pouvons pas disposer de notre liberté, à plus forte raison ne saurions-nous engager celle de nos descendans, dont la propriété personnelle n'est pas et ne saurait jamais être à nous. C'est encore un axiome, dont la démonstration est inutile, et qu'il est impossible de contester de bonne foi.

L'acte de soumission, ou plutôt de *servage*, connu sous le nom d'*obnoxiatio*, par lequel beaucoup d'hommes en Europe se rangeaient volontairement à la servitude, eux et leurs enfans; celui par lequel beaucoup d'autres, enivrés de superstition, se vouaient, eux et leur race, à la condition d'*esclaves* ou *serfs volontaires des églises* (1), sont le mo-

_____

(1) Les oblats, *oblati*.

nument presque incroyable du délire le plus inique, le plus révoltant et le plus absurde que les fastes de l'humanité nous aient transmis.

L'enchaînement des idées m'a conduit à cette grande vérité, que je pourrais démontrer par l'histoire de tous les âges et de tous les pays : *les hommes forgèrent leurs chaînes en établissant leurs législations* ; mais l'énonciation de ce principe exige, pour sauver toute équivoque, une discussion sur l'origine des sociétés.

Tout homme de bonne foi, qui aura lu avec attention ce qui a précédé, ne me soupçonnera pas de déclamer contre elles, et voudra bien m'accorder la juste appréciation des mots que j'emploie. Voici mes principes à cet égard ; je demande qu'on les médite. Je ne sais être clair que pour les gens attentifs.

Certains déclamateurs ont vanté la douce volupté d'habiter au fond des bois, et d'y recueillir avec peine la subsistance précaire et spontanée de la chasse, de la pêche et du gland. Ils ont soutenu que *l'homme a subi le joug en se réduisant en société*. Cette idée de quelques modernes est renouvelée des anciens germains (1). On n'aurait pas soupçonné que leurs opinions philosophiques fissent des sectaires dans le 18ᵉ. siècle.

D'autres auteurs ont été plus loin encore. L'un de nos contemporains (2) à qui je reconnais le plus de droiture de cœur et de force de génie, le plus élégant des écrivains français, sans nulle exception, et peut-être aussi le plus éloquent (3), s'est, à mon avis, étrangement trompé, quand il a dit que l'homme, *dans l'état de nature, répugnait à la société*, ou, ce qui revient au même, *que*

---

(1) Tacite (*Hist.*, 1, 4.) dit expressément que les germains regardaient l'habitation des villes comme une marque de servitude, et qu'ils exigeaient de ceux de leurs compatriotes qui avaient secoué le joug, de démolir les villes romaines. *Les animaux même les plus féroces, disaient-ils, perdent leur ardeur et leur courage lorsqu'ils sont enfermés.*

(2) M. Rousseau, de Genève.

(3) Je sais que M. Rousseau lui-même donne la préférence au style de M. de Buffon. Ce n'est point à moi de décider entre de tels maîtres; je peins naïvement ma sensation, et n'ai pas la présomption de juger.

*la nature n'avait pas destiné l'homme à la
société (1).*

La société est l'état naturel de l'homme,
comme celui de la fourmi et de l'abeille ;
état fondé sur sa sensibilité, sur sa bienfaisance, sur son amour de la liberté, sur la
haine des privations, sur l'expérience de
l'utilité des secours réciproques, sur la
crainte de l'oppression, ou, en d'autres
mots, du Despotisme.

Quand on nierait ces vérités de sentiment, je soutiendrais toujours que la durée
de l'enfance humaine nécessite une société,
indépendamment de l'instinct d'association,
commun à presque tous les êtres organisés.
L'homme qui, dans aucun temps de sa
courte durée, ne peut presque rien seul,
est le plus dépendant des animaux pendant les douze premières années de sa vie.
Il périrait certainement dans cet inter-
valle d'impuissance et de faiblesse, sans les
soins de sa mère et la commisération de son
père. Comment celui (2) qui a prouvé si

---

(1) *Disc. sur l'inég. des cond. parmi les hommes*
surtout la première partie.

(2) M. Rousseau.

bien et si souvent que l'homme naissait bon,
peut-il croire qu'un être humain atteindra
cet âge sans connaître ceux à qui il doit et
la vie et sa conservation, et qui probablement exigeront de lui des secours auxquels
ils ont de si justes droits ? car les hommes
n'accordent rien pour rien. Comment cet
être, doué d'organes sensibles, oubliera-t-il
totalement ses bienfaiteurs ? Comment, aux
approches de la vieillesse, qui, chez les premiers humains, fût peut-être plus tardive,
mais qui diminua cependant comme aujour-
d'hui, les facultés, affaiblit les sens, etc. ;
comment, aux approches de la vieillesse
de ses parens, le jeune sauvage ne sentira-
t-il pas qu'il a une dette à payer (1) ? Cette
apathie machinale, qui ne serait troublée
que par les sensations directes et personnelles de l'individu, semble contrarier absolument le cœur humain, celui même

---

(1) Je sais tout ce que les voyageurs ont raconté de
la manière dont certains Sauvages sauvent leurs pères de la caducité ; mais je sais aussi quelle créance
méritent les voyageurs, surtout quand ils contredi-
sent évidemment la nature.

dont on suppose la sensibilité la moins développée.

Si je m'abuse, en jugeant, sans m'en
apercevoir, de l'état de nature, par les notions sociales dont je suis imbu, au moins ce
sentiment d'union, de sensibilité, de reconnaissance, que vous attribuez à la civilisa-
tion, est-il préférable à l'indifférence, ou
plutôt au parfait oubli des bienfaits que
vous supposez dans la nature. Ne doit-on pas
en conclure que l'état de société vaut mieux
pour l'homme, qu'il est le plus digne emploi, comme le plus heureux résultat de sa
perfectibilité.

L'on aura beau subtiliser ; il est impossible de révoquer en doute l'existence d'une
société nécessaire, née d'abord au sein des
familles, formée ensuite par la réunion de
ces familles. Suivez la gradation des liens
domestiques dans leurs différentes branches,
et la succession rapide des besoins de
l'homme, vous concevrez la formation
d'une société immense, et vous direz bientôt avec un auteur (1) vraiment méthodique

---

(1) L'auteur des *Vrais principes du Droit nat.*
(M. Quesnay.)

et lucide, « que le problème le plus difficile
» à résoudre, serait d'expliquer comment les
» hommes, vu la constitution physique et
» morale des deux sexes dans l'âge viril,
» dans l'enfance et dans la vieillesse, pour-
» raient vivre long-temps dans l'état de
» simple multitude, sans aggrégations so-
» ciales. »

J'ose croire que je renverserais facilement
ici, si c'en était la place, tous les exemples
et les objections dont M. Rousseau s'est
servi pour combattre avec tout l'art et l'esprit possible ce système, qui tient invin-
ciblement à la longue débilité de l'enfance
de l'homme, aux premiers et aux plus puissans sentimens du cœur humain.

Mais ce serait un retour si humiliant sur
soi-même, que la conviction la plus évidente
d'avoir eu raison avec ses maîtres, que je suis
très-éloigné de porter aucune sorte de présomption ou d'opiniâtreté dans cette discussion, qui, selon moi, est purement oiseuse
et tout-à-fait inutile.

En effet, que l'homme, dans l'état de nature, répugne ou ne répugne point à la société, celle-ci n'en existe pas moins; et tous
les livres possibles ne parviendront pas à la

dissoudre. Il vaut donc mieux s'efforcer de l'éclairer, que lui montrer qu'elle a tort d'exister.

M. Rousseau, vivement affecté de la corruption des villes, prétend que les institutions sociales ont dégénéré de l'état de nature, et rendent les hommes plus malheureux.

Si nous embrassons cette opinion, tâchons de découvrir des remèdes ou du moins des palliatifs à nos maux. Cette recherche est plus utile et plus agréable à faire que la satire des hommes et de leurs sociétés. Sénèque ne nous a pas appris une vérité bien intéressante, quand il a dit « que la » nature a départi à chacun sa misère comme » un art qu'il doit étudier (1). » C'est la science des consolations qui intéresse les hommes.

Si, comme le plus grand nombre croit l'éprouver et le sentir, notre condition est préférable à celle des caraïbes, craignons de décliner ; et surtout étayons de principes la conservation des droits de l'homme,

_____

(1) *Sua cuique calamitas tahquàm ars assignatur.*

qui n'habitera probablement plus les forêts, quand la nature produirait un nouveau Timon aussi éloquent que M. Rousseau, pour le convertir à ce triste genre de vie.

Pour moi, je ne saurais me persuader que l'homme ait fait un mauvais marché quand il s'est rapproché de ses semblables, lui qui se trouve réduit à ne satisfaire que ses besoins les plus indispensables, et qui est incapable de se procurer les moindres jouissances, quand il ne peut employer que ses propres facultés. L'homme est le supplément nécessaire de la faiblesse de l'homme. L'on n'a pas trouvé dans tout le monde connu une race d'humains, sans une sorte de société. Pourquoi, d'un pôle à l'autre, auraient-ils embrassé un genre de vie contraire à leur nature ? L'usage de la parole est seul, comme l'a observé M. Daguesseau, une preuve sans réplique que l'homme est né pour la société (1).

Non-seulement l'homme semble fait pour la société ; mais on peut dire qu'il n'est vraiment homme, c'est-à-dire, un être réfléchissant et capable de vertu, que lorsqu'elle

_____

(1) *Institution au droit public.*

3

commence à s'organiser ; car tant qu'il ne forme avec ses semblables qu'une association momentanée, il est encore féroce, dévastateur, et n'a guère que des idées de carnage, de bravoure, d'indépendance et de spoliation. C'est une vérité démontrée par l'histoire de toutes les incursions des hordes justement surnommées *barbares*, qui n'étaient qu'un ramassis d'hommes associés parleurs communs besoins, auxquels leur patrie inculte ne pouvait suffire, réunis par l'instinct, dépourvus de principes et de lois ; car elles ne se forment et ne s'établissent qu'en réfléchissant sur cet instinct, qui, d'abord exclusif pour tel ou tel individu, parvient enfin à découvrir le respect inviolable dû aux droits de tous.

Soutenir que chaque individu a fait des pertes précieuses en se réunissant à d'autres individus, c'est faire à peu près le même raisonnement que celui qui dirait : « Celui » qui peut faire des avances de culture » pour exploiter le sol où la nature l'a placé, » est plus pauvre que celui qui ne le peut » pas, parce qu'il fait cette dépense de » plus. » L'avance qui reproduit est-elle donc une dépense ?

Mais la comparaison n'est pas exacte; car les hommes n'ont rien voulu ni dû sacrifier en se réunissant en société; ils ont voulu et dû étendre leurs jouissances et l'usage de la liberté, par les secours et la garantie réciproques. Voilà le motif de la subordination qu'ils rendent à l'autorité souveraine, à qui le peuple a confié sa défense et sa police. Les citoyens conservent dans la société bien ordonnée toute l'étendue de leurs droits naturels, et acquièrent une beaucoup plus grande faculté d'user de ces droits. Tout ce qui leur était permis dans l'état primitif, leur est encore permis; tout ce qui leur était défendu, leur est encore défendu; et ce *tout* se réduit à garder et multiplier ses propriétés, et à respecter celles d'autrui. La seule différence entre l'état primitif et l'état social, c'est que plus la société est complète, et plus chacun a de propriétés.

Telle est l'idée que je me forme de cette union appelée *société*, que le penchant général de l'humanité, autant que ses besoins, a établie sur toute l'étendue de ce globe.

Tout autre système, j'ose le dire, est moins conséquent, moins vraisemblable, moins avantageux à l'humanité.

En effet, l'on sent qu'il est facile d'asseoir sur cette base les *droits* de tous les hommes, et conséquemment les *devoirs* relatifs des *souverains* et des *peuples*.

Mais si vous admettez que la société est un état contre nature, *væ victis!* malheur à ceux qui ont subi la loi du plus fort! Les tyrans sont tyrans, parce qu'ils le sont devenus : pourquoi l'homme sortait-il de ses forêts ?

« Qu'importe ? m'allez-vous répondre : » vous crierez de même au despote, le jour » où il sera renversé : *væ victis!* »

J'entends; mais c'est un code bien triste et bien dangereux, que le droit du plusfort. L'instruction, cette arme plus douce, plus puissante même avec le temps, suffira à l'organisation des sociétés, et la préservera des convulsions de la violence.

La nature qui condamna, ou plutôt qui, dans sa bienfaisance, voua l'homme au travail, a voulu que, pour son plus grand avantage, il aidât ses semblables, et fût aidé par eux. C'est elle qui a dicté cette loi chinoise, si sage et si belle, et qui renferme tous les premiers principes sociaux. « Celui qui

» laissera passer une année sans cultiver son
» champ, perdra son droit de propriété. »

La nature est une parfaite législatrice,
ou plutôt elle est la seule; et je n'ai prétendu
parler que des institutions humaines, quand
j'ai avancé que nos législations étaient la
base de la tyrannie, et le berceau de la servitude.

« Il est, dit le plus éloquent des anciens
» philosophes, il est une loi animée, une
» raison droite, convenable à notre nature,
» répandue dans tous les esprits: loi cons-
» tante, éternelle, qui, par ses préceptes,
» nous dicte nos devoirs; qui, par ses dé-
» fenses, nous détourne de toute transgres-
» sion; qui, d'un autre côté, ne commande
» ou ne défend pas en vain, soit qu'elle
» parle aux gens de bien, ou qu'elle agisse
» sur l'ame des méchans: loi à laquelle on
» ne peut en opposer aucune autre, ou y dé-
» roger, et qui ne saurait être abrogée. Ni
» le sénat, ni le peuple n'ont le pouvoir de
» nous affranchir de ses liens; elle n'a be-
» soin ni d'explication, ni d'interprète au-
» tre qu'elle-même: loi qui ne sera jamais
» différente à Rome, différente à Athènes;
» autre dans le temps présent, autre dans

» un temps postérieur : loi unique, tou-
» jours durable et immortelle, qui contien-
» dra toutes les nations et dans tous les
» temps. Par elle, il n'y aura jamais qu'un
» maître commun, un empereur universel,
» c'est-à-dire, Dieu seul. C'est lui qui est
» l'inventeur de cette loi, l'arbitre, le vé-
» ritable législateur. Quiconque n'y obéira
» pas, se fuira lui-même, méprisant la na-
» ture de l'homme (1). »

<hr>

(1) *Est quidem vera lex, recta ratio, naturæ
congruens, diffusa in omneis, constans, sempiterna,
quæ vocet ad officium jubendo vetando à fraude de-
terreat, quæ tamen neque probos frustrà jubet, aut
vetat, nec improbos jubendo, aut vetando movet.
Huic legi nec obrogari fas est, neque derogari ex
hâc aliquid licet, neque tota abrogari potest. Nec
verò aut per senatum, aut per populum solvi hâc
lege possumus. Neque est quærendus explanator,
aut interpres ejus alius : Nec erit alia lex Romæ,
alia Athenis, alia nunc, alia posthâc : sed et omneis genteis, et omni tempore una lex et sempiterna, et immortalis continebit: unusque erit communis
quasi magister, et imperator omnium Deus, ille, le-
gis hujus inventor, disceptator, lator : cui qui non
parebit, ipse se fugiet, ac naturam hominis asper-
nabitur, atque hoc ipso luet maximas pœnas, etiamsi*

C'est en comparant les institutions humaines à la *loi naturelle*, que Cicéron nous
peint avec tant d'éloquence ; c'est en comparant les ouvrages de nôtre faible raison à
cette loi obligatoire pour tous, ineffaçable,
malgré les préjugés délirans de l'humanité,
imprescriptible (1), quelque contradiction
qu'elle rencontre dans les législations humaines, qui ne sont cependant fondées que
sur elle (2) ; c'est en les comparant, dis-je,
à cette loi simple, une et sublime, que nous
démontrerions l'insuffisance, la défectuo-
sité et les dangers de nos codes législatifs.

―――――――――――――

cætera supplicia, quæ putantur, effugerit. (Cic.,
de Rep., l. 3.)

(1) C'est à la loi naturelle qu'on a pu dire que son
auteur avait accordé ce caractère d'immuabilité, *cet
empire sans bornes*, dont Virgile assurait que les
dieux avaient favorisé Rome :

   ... *Ego nec metas rerum, nec tempora pono :
Imperium sine fine dedi.*

et non à cette institution tumultueuse et presque féroce, qui fit le malheur du reste du monde, sans
donner ni repos, ni bien-être réel à ses vainqueurs.

(2) *Sciant judices*, disait Bacon aux juges anglais :
se jus dicere, non jus dare ; leges interpretari, non

Cet important théorème politique est plus facile à sentir qu'à développer. Je n'entreprendrai pas aujourd'hui cet ouvrage, qui sera, dans tous les temps, trop au-dessus de mes forces.

Je remarquerai seulement, relativement à l'existence d'une loi naturelle, que l'on a voulu révoquer en doute (car quelle vérité les hommes n'ont-ils pas niée? quelle erreur n'ont-ils pas assurée?) je remarquerai, dis-je, qu'il serait bien étonnant que, dans l'immense chaîne des êtres, où tout est assujéti à des lois distinctes, fixes et immuables, l'homme échappât seul à cette volonté nécessaire de l'Auteur de la nature, qui, pour me servir des expressions d'un beau génie (1), *obéit toujours à ce qu'il commanda une fois.* « C'eût été en vain qu'Amphion et » Orphée auraient accordé leurs lyres, s'il » n'y avait point eu d'unisson correspondant » dans la constitution humaine (2). »

---

condere. (Serm. fidel.,c. 54.) « Que les juges sachent » qu'ils *disent le* droit, qu'ils ne le *donnent* pas ; » qu'ils appliquent les lois, et qu'ils ne les font pas.»

(1) Le cardinal de Retz.

(2) Milord Bolingbroke.

Loin de rechercher et de développer cette loi naturelle aussi essentiellement existante que le soleil qui nous éclaire, et qui féconde le globe que nous habitons, les législateurs, semblables à ces hommes qui adoraient les ouvrages de leurs mains, ont osé croire qu'il était en leur pouvoir de créer des lois pour l'homme... Que n'entreprenaient-ils aussi de reculer ou d'avancer à leur gré les saisons ?

Ainsi, la nature et les institutions humaines, les passions et les législations se sont heurtées, les contradictions se sont amoncelées, les codes se sont multipliés, et la connaissance des lois positives est devenue pour les peuples policés une science immense : leur étude est plus fatigante pour la mémoire que pour l'entendement.

Tels sont les ouvrages de l'homme ; ils portent l'empreinte de la mobilité de son esprit plus subtil, plus actif à prévoir et multiplier les exceptions, que propre à saisir des principes généraux, à observer et méditer la nature, plus industrieux, en un mot, à exercer son *imagination*, qu'à se servir de sa *raison*.

Cette distinction est juste. *L'imagination*
3*

et la *raison*, ces deux facultés de l'homme, les plus précieuses et les plus utiles, et dont les philosophes ont si différemment évalué le mérite et assigné le rang ; l'imagination et la raison varient autant dans leurs propriétés que dans leurs usages.

Réfléchir, méditer sur nos sensations et nos connaissances, et les appliquer sur les objets de nos recherches, c'est ce que j'appelle *exercer sa raison* : elle est *un outil de calcul*, si j'ose m'exprimer ainsi ; mais *l'imagination*, mère de la métaphysique, est souvent aussi celle de l'erreur.

Je sais qu'il faut convenir de l'idée qu'on attache à ce mot *métaphysique*. Les philosophes dignes de porter ce nom de *philosophes*, c'est-à-dire, les hommes instruits et dialecticiens (1) ont une métaphysique profonde, mais remplie de clarté, méthodi-

_____

(1) Bien entendu qu'ils soient de *bonne foi* ; car sans bonne foi, il n'existe point d'*honnêteté*, et sans honnêteté, la philosophie est un mot vague, et le philosophe un *charlatan*. C'est, selon moi, le plus méprisable, comme le plus ridicule de tous les métiers, de *vendre* ou *louer* des paroles, pour me servir de l'expression de Martial.

que, analytique, qu'ils doivent à de vastes
connaissances, à de longues méditations, à
des observations assidues. Il n'est point de
vérité et de connaissance qu'on n'ait découverte, étendue, développée sans cette métaphysique; ou plutôt, il n'est point de science humaine qui n'ait une métaphysique de
cette sorte.

Les sophistes appellent leurs subtilités tor-
tueuses, énigmatiques, et le plus souvent
puériles, la *métaphysique*. Il est bien peu
d'erreurs morales et politiques que n'ait en-
fantées cette science futile et illusoire, qui s'est
introduite de nos jours dans presque toutes
les connaissances.

L'imagination est le hochet de l'humanité.
« Les facultés de l'imagination, dit Robert-
» son (1), ont déjà acquis de la vigueur,
» avant que celles de l'esprit se soient exer-
» cées sur les matières abstraites et spécula-
» tives. Les hommes sont poëtes avant que
» d'être philosophes; ils sentent vivement et
» savent peindre avec force, lors même qu'ils
» n'ont fait encore que peu de progrès dans
» le raisonnement. Le siècle d'Homère et

_____

(1) *Introduct. à l'histoire de Charles-Quint.*

» d'Hésiode précéda beaucoup celui de Tha-
» lès et de Socrate. »

Ces réflexions ne sont point étrangères
ici ; elles peuvent aider à résoudre ce problème singulier : pourquoi les législations,
dont la nature elle-même a tracé le plan,
sont-elles si défectueuses, et moins avancées
que tout autre ouvrage de l'esprit humain ?

Les hommes sacrifient sans cesse à l'imagination, parce qu'elle les séduit plus
sûrement, parce qu'elle flatte leur amour-
propre plus que la marche lente et calculée
de la froide raison ; parce que l'exercice de
celle-ci, appliquée à la méditation, est plus
pénible et à la portée de moins d'hommes,
que les jeux de celle-là. Notre orgueil, aussi
adroit qu'insatiable, nous fera préférer toujours ; et de beaucoup, ce que nos talens peuvent atteindre, à ce qu'ils ne sauraient em-
brasser. Le poëte méprise le géomètre ; le
géomètre dédaigne le poëte. « Les philoso-
» phes, dit Bolingbroke, ont trouvé qu'il
» était plus aisé d'imaginer que de décou-
» vrir ; de conjecturer que de connaître ;
» ils ont donc pris cette voie pour acquérir
» de la réputation, celle-ci leur étant pour
» le moins aussi chère que la vérité ; et plu-

» sieurs ont admis une vaine hypothèse pour
» un système réel. » C'est là la marche de
tous les charlatans ; ce n'est pas celle de
l'homme de génie, de l'homme profond (1).

Mais les génies profonds sont et seront en
petit nombre dans tous les siècles. Aussi les
observateurs sont-ils plus rares que les gens
d'esprit, parce que l'imagination seule fait un
homme d'esprit, tandis que le génie, éclairé
par des connaissances, et guidé par une
raison saine et exercée, suffit à peine aux observateurs.

Suivez cette gradation, et peut-être ne
trouverez-vous pas un homme capable d'être
législateur, c'est-à-dire, d'étendre, de réunir les diverses applications de la loi naturelle, parmi des milliers de politiques déliés.

C'est pour les hommes médiocres, ou du
moins incomplets, qu'on a établi la distinction *d'esprit* et de *génie*. Ce sont les deux
parties du même tout ; mais où trouver ce
tout rassemblé ?

Si, par hasard, on le rencontre, il faut en-

___

(1) *Hypotheses non fingo*, dit Newton, en avouant
qu'il n'a pas pu déduire des phénomènes la raison
des propriétés de la pesanteur.

core que ce favori de la nature applique ses
talens et ses forces sur un tel objet, et surtout qu'il étudie la nature, plutôt que de se
livrer à son génie ; tentation très-séduisante
et trop dangereuse.

En un mot, la science du droit naturel,
seule entre toutes les connaissances humaines, encore obscurcie des ténèbres de nos
siècles de barbarie, est à peine à son berceau. Nous avons vu mourir de nos jours
l'homme justement célèbre et vraiment respectable (1), qui a fait entrevoir le premier
à la nation, que l'art de gouverner les hommes et de les rendre heureux, valait bien
toute autre science.

Cette étude, jusqu'à lui, n'entrait point
dans celle des *philosophes* ; car la *philosophie*, pour les progrès de laquelle un grand
nombre de beaux esprits ont fait dans ce
siècle tant d'efforts peut-être intéressés ; la
philosophie, dis-je, est devenue de nos jours
une expression presque dénaturée.

Les anciens la regardaient comme une
des premières et des plus nécessaires vertus,

----

(1) Montesquieu.

base de toutes les autres, puisqu'ils n'entendaient par ce mot, *philosophie*, autre chose que l'*amour de la sagesse*.

La philosophie moderne semble plutôt exiger l'étude des sciences abstraites (1), que tout autre travail : peut-être aussi a-t-on reproché, à trop bon droit, à nos philosophes l'abus de la dialectique, de la métaphysique et la manie des nouveautés. Quoi qu'il en soit, on peut dire que, malgré toute leur science, la philosophie n'a pas fait de grands progrès entre leurs mains.

Les anciens eux-mêmes ne regardaient guère la philosophie que comme l'étude de la morale (2) : ainsi, ils ne la complétèrent jamais, puisqu'ils ne l'étendirent point jus-

(1) On trouve dans les écrits d'un des plus respectables philosophes de l'antiquité, ce précepte remarquable : *N'écrivez point sur des sciences abstraites.* On voit combien l'idée qu'il se formait de la philosophie, est différente de la nôtre.

(2) Mais cette étude de la morale, ils la regardaient comme la science de tout honnête homme. Voyez dans les obligations que *Marc-Aurèle* se rappelle d'avoir à *Rusticus*, ces mots remarquables : *Ce fut lui qui, le premier, me procura les discours mémorables d'Épictète.*

qu'à la connaissance des principes physiques
de l'organisation des sociétés.

La véritable philosophie doit renfermer
tout ce qu'il importe à l'homme de connaître, de savoir et de pratiquer pour son bonheur *personnel* et *relatif* (1). Ce n'est que
lorsqu'elle aura rempli cet objet immense et
souverainement important, qu'elle aura
atteint la perfection ; ce n'est qu'alors que les
philosophes seront les plus respectables des
hommes. Vers quel but nous conviendrait-
il donc plutôt de diriger nos efforts? Si,
par impossible, nous trouvons dans d'autres
études plus d'alimens à notre curiosité,
convenons du moins que nous ne trouve-

---

(1) « La science, proprement dite, dit milord
» Bolingbroke, consiste à observer la constitution et
» l'ordre des choses, tant dans le *système physique*
» que dans le système moral auquel nous apparte-
» nons ; à former sur ces particularités des idées gé-
» nérales, des notions, des axiômes et des règles,
» et à les appliquer à des actions et aux usages hu-
» mains. Le résultat de toutes ces choses est ce qu'on
» appelle sagesse, science, connaissances humai-
» nes. »

Cette définition, quoiqu'un peu vague, revient à
la mienne.

rons jamais à l'assouvir aussi complétement, aussi utilement, et si indépendamment de tout autre secours, que de notre propre raison; car il ne faut ici que les premiers principes et un sens droit pour les étendre et les appliquer.

La science simple et profonde qu'on a appelée *économique* de nos jours, les a démontrés enfin ces principes si long-temps ignorés, si long-temps inconnus. Les citoyens vraiment utiles qui s'en sont occupés, ont été tournés en dérision par toutes les plumes mercenaires du gouvernement. Persécutés depuis, forcés au silence (1), ils auront du moins la consolation d'avoir fait le *métier* d'homme et de citoyen ; et ce sont eux qui ont vraiment mérité qu'on pensât *de leurs travaux*, ce qu'un ancien disait autrefois de la philosophie : *que les hommes ne seraient heureux qu'alors qu'elle se serait familiarisée avec les rois.*

---

(1) Toutes ces choses ont changé depuis que la nation est conduite par des ministres honnêtes et instruits, qui ne craignent point que la lumière éclaire leurs intentions et leurs fautes. (*Note de l'éditeur,* 1792.)

Presque tous les auteurs, ou plutôt les restaurateurs de nos législations, ne se doutaient pas même de ces principes : ils ont beaucoup imaginé et peu médité. Ils ont travaillé sans ensemble, faute d'un premier principe; ils se sont contredits, faute de méthode. Ils ont donné une nouvelle solution à chaque difficulté nouvelle qui s'est présentée : l'édifice, assis sur le sable mouvant, est devenu d'autant moins solide, qu'il s'est plus élevé : les lois ont contredit les lois. Nous en devons une grande partie à des temps obscurs, où la superstition, l'ignorance et la fureur belliqueuse se disputaient à l'envi l'esprit humain. En vain a-t-on voulu redonner quelque ensemble à ces compilations informes : on manquait de *principes*; et tout, en ce genre, porte sur les principes les plus simples, les plus évidens et les plus invariables. Il a été bientôt facile d'éluder la plus grande partie d'un code immense, de se prévaloir de l'autre; et ce code est devenu le gage d'impunité des brigands de la société.

C'est à la corruption des mœurs que le pénétrant et profond Tacite attribuait la multiplicité des lois romaines; et c'est à

leur nombre infini qu'il rapportait l'origine
de toutes les dissentions de la république, et
les succès des factieux (1) qui l'asservirent
à la fin. Pour peu qu'on y réfléchisse, en
effet, on sentira que c'est servir le despotisme, que de multiplier les lois; *car il y a*,
dit très-bien Montaigne, *autant de liberté et
d'étendue à l'interprétation des lois , qu'à
leur façon.* Au milieu de tant *d'interpréta-
tions*, sans doute, on peut choisir arbitrai-
rement, et toute volonté arbitraire peut
trouver une raison ou un prétexte dans ce
dédale immense.

Sortons des rêves métaphysiques, qui
n'ont guère d'autre réalité que leurs inutiles
subtilités ; abandonnons les spéculations politiques soumises aux caprices des circons-

---

(1) Si vous en voulez la preuve , cherchez dans le
troisième livre de ses annales cette belle digression
sur les lois ; qui commence par ces mots (Elzew. ,
1640, p. 110.): *En res admonet ut de principiis juris*, etc., jusqu'à ceux-ci (p. 111): *Sed altius pene-
trabant* , etc. On y trouve ces propres mots : *Jam-
que non modò in commune, sed in singulos homines
latæ questiones, et, corruptissima republ., plurimæ
leges.*

tances; l'homme n'est pas fait pour être ainsi
ballotté; et la nature nous destina sans doute
des lois plus sûres et moins mobiles. Elle
n'a point fait de systèmes particuliers; les
droits de tous les hommes et de toutes les
nations sont les mêmes, aussi bien que
leurs devoirs.

Les législateurs positifs conviennent eux-
mêmes de l'irréfragabilité de la loi naturelle.
*Une loi posi... e, disent-ils, peut être abro-
gée par une a... e loi positive; mais la loi
naturelle ne p... jamais recevoir aucune
atteinte* (1). Étudions ce code divin; suivons l'ordre invariable et simple qu'il nous
prescrit.

Tout le bien de la société doit naître de
l'ordre de cette société; cet ordre est clairement indiqué par la nature. Bornons là
notre objet et nos recherches; ne regar-
dons, en fait de morale, qu'autour
de nous; ne la séparons jamais de l'ordre
physique. Le vol de l'homme est resserré
dans des limites étroites : s'il s'élève trop,

---

(1) *Civilis ratio civilia quidem jura corrump.. re
potest; naturalia verò non utique.* (Instit. , l. 1er.,
tit. 15, *de legitimâ agn. tutelâ.*)

il perd ses ailes : c'est la fable d'Icare, plus
philosophique que l'on ne le croit communément.

L'un des plus grands hommes dont la
France se glorifie (1), s'est en vain efforcé
de ramener la science du gouvernement
des discussions morales et à des discussions
métaphysiques.

M. Dalembert est tombé dans un inconvénient à peu près pareil, lorsque, dans ses
Élémens de philosophie (2), il distingue *une
morale de l'homme, une morale des législateurs, une morale des états, une morale du
citoyen.* Ou je n'entends pas ces mots, ou
ils sont autant de *pléonasmes.* A ces *quatre
branches de la morale,* il en joint une cin-
quième qu'il appelle *la morale du philosophe.* C'est un étrange être qu'un philosophe,
si sa morale est différente et distincte de
celle de *l'homme* et du *citoyen.*

Les devoirs de tous consistent dans l'accomplissement de la loi. La loi, c'est-à-dire
l'ordre, est toute fondée sur les sensations et

_____

(1) Montesquieu.
(2) *Division de la morale,* n°. 8.

les besoins physiques de l'homme, à qui la
nature accorda autant de facultés pour
jouir, qu'elle lui permit de jouissances;
c'est donc au sein de ces jouissances. c'est
dans leur distribution, leur arrangement,
leur reproduction, qu'il faut chercher le
code social.

Je dis *social*, et je me sers d'un mot dangereux dans la discussion, par la multiplicité des idées vagues qu'on s'est formées à son
occasion : on a vu mes principes à cet égard;
et si l'on eût, au mot *social*, substitué
celui de *naturel* ; on eût aperçu plus
tôt, que si l'homme; par sa constitution,
naît avec des dépendances nécessaires, nœud
essentiel de la société, cette société doit
donner le plus de liberté possible aux individus qui la composent, en étendant la
masse de leurs propriétés, et multipliant
leurs jouissances. Sans cette *loi*, plus de
consistance, plus d'ensemble, ou, pour
tout dire en un mot, plus de société; car
la formation de celle-ci n'est que l'extension
des relations primitives, et non leur abolition. Or, les premières relations naturelles
sont d'aider et de faire du bien, pour en
recevoir et être aidé.

L'utilité n'a pas été *la seule mère de la jus-tice et des lois*, comme l'a dit un poëte (1): mais elle fut certainement le premier lien de la société et la *mère* de l'autorité souveraine.

Je l'ai déjà dit : je ne prétends pas repren-dre en détail aucune des législations con-nues; ce serait tracer l'histoire du despo-tisme, ouvrage peut-être le plus beau qui soit à faire aujourd'hui, mais immense et d'une exécution très-difficile. C'est autre chose de suivre la marche du despotisme, et d'en développer les manœuvres et les ruses, ou de tracer ses ravages, et de s'élever contre ses progrès. Beaucoup d'historiens pouvaient peindre les règnes affreux des Néron et des Caligula. Tacite seul a su démêler Tibère.

J'entreprendrai bien moins encore d'in-diquer une législation universelle, c'est-à-dire, de développer celle de la nature; occupation digne d'exercer les forces du plus beau et du plus vaste génie, mais d'une exécution presque impraticable, vu les ins-

---

(1) *Atque ipsa utilitas justi propè mater et æquis.*
(Horat. , sat. 3 , l. 1.)

titutions adoptées parmi les hommes , les
préjugés des esclaves, les intérêts des maîtres.

Je n'ai voulu que rassembler ici des réflexions générales sur le despotisme, essai
plus proportionné à ma médiocrité; car l'indignation donne du coloris. « Les ignorans
» même, dit Quintilien, quand une passion
» violente les agite, ne cherchent point ce
» qu'ils ont à dire. C'est l'ame seule qui
nous rend éloquens, dit-il encore. » Mon
ame est honnête, et fortement émue des
vérités que j'ose écrire. Puissent ses inspira-
tions me donner le pouvoir d'entraîner et
de persuader !

Les premiers principes que je viens d'exposer , et que j'ai resserrés le plus qu'il m'a
été possible (car la sécheresse nuit à la vérité), étaient nécessaires pour entendre ce
qu'on va lire : je me livrerai désormais à mes
idées , telles qu'elles se présenteront à mon
imagination. Pour me suivre , il faut sentir
aussi fortement que moi, je le crois ; mais
si j'ai dit la vérité, pourquoi ma véhé-
mence, en l'exprimant , diminuerait-elle
de son prix ?

Je prétends prouver que le despotisme est
dans les souverains, l'amour des jouissances,

peu éclairé, et par conséquent que la soumission au despotisme est, dans les peuples,
l'ignorance ou l'oubli de leurs droits. Ins-
truisez les rois et les sujets, et le despotisme
est coupé par le pied.

L'homme, je le répète, est un animal
bon et juste qui veut jouir. Le despotisme
ne peut être admis par lui, ni souffert par
lui, dès qu'il est suffisamment instruit, at-
tendu que le despotisme n'est ni bon, ni
juste; qu'il n'augmente pas les jouissances
des princes, qu'il diminue leur puissance,
et qu'il détruit les jouissances des citoyens,
et qu'il attente à la sureté de tous.

Tous les peuples que j'ai cités en commençant cet ouvrage, tous ceux qu'on pourrait leur joindre, tous ceux, en un mot, qui
seront jamais conquérans ou despotes,
étaient, sont et seront des ignorans. Ceux
qui l'ont souffert ou le souffriront, furent et
sont d'autres ignorans.

Tous les actes de despotisme ne sont que
des combats, dans l'obscurité, entre gens
qui cependant craignent les coups; car
l'homme tend au bonheur, et ne veut qu'être
tranquille : apportez la lumière, et vous les
verrez tous en paix.

4.

Cette lumière, à l'approche de laquelle
les dissensions civiles, les crimes sociaux,
les attentats publics, les préjugés, le fanatisme s'anéantiront toujours, est la première
barrière que l'on doive élever contre toutes
les erreurs, tous les brigandages politiques
et les maux de la société.

L'instruction et la liberté sont les bases de
toute harmonie sociale et de toute prospérité humaine; j'aurais pu dire seulement
l'instruction; car la liberté en dépend très-
absolument, puisque l'instruction universelle est l'ennemi le plus inexpugnable des
despotes; ou plutôt, à l'époque de cette universalité de lumières, le despotisme deviendra un être de raison, impossible à réaliser;
ce qui vaut bien mieux encore; car il serait
absurde et cruel de blesser les hommes, sous
le prétexte d'une guérison infaillible.

Il est évident, et l'on ne saurait trop se le
persuader, que *l'instruction générale* qui
fournirait à chacun des principes fixes et
raisonnés, deviendrait la boussole invariable de nos jugemens, nous apprendrait à assigner *aux noms, aux idées, aux choses,*
leur véritable valeur, et que dès ce moment
on n'aurait plus à redouter pour la tranquil-

lité et la liberté publiques , les illusions qui
séduisent encore les hommes, après les avoir
déjà tant séduits.

Il est évident que nul homme ne laisserait
tranquillement incendier ses moissons ; mais
il est tout aussi évident que si chaque volonté arbitraire , chaque brigandage en fi-
nance , chaque coup d'autorité portait avec
lui , grâce à l'universalité de l'instruction ,
l'idée d'un forfait social aussi direct qu'un
incendie volontaire , tous s'opposeraient à
son exécution (1).

Il n'est pas moins certain que si tous les
princes envisageaient les suites d'une administration arbitraire, suites affreuses pour
les hommes , et non moins terribles pour
eux-mêmes , ils se garderaient bien d'être
despotes.

Jetez les yeux sur l'histoire ; laissez-les
retomber sur vous-même, et voyez ce qu'a
pu l'ignorance des droits, des devoirs de

---

(1) Alors on pourrait dire avec Cicéron : *Tantus
enim illorum temporum dolor inustus est civitati ,
ut jam ista non modo homines , sed ne pecudes
quidem mihi passura esse videuntur.* (2ᵉ. Catilin.)

l'homme, et des principes naturels. Ecoutez les éloquens déclamateurs qui vous décriront, en termes très-fastueux, les maux dont l'espèce humaine est et fut rongée, et répondez-leur : « Eclairez les hommes, vous » n'aurez plus d'autre emploi à faire de » votre éloquence, que celui de vanter leur » bonheur. »

Eclairons donc les hommes, et surtout les princes; car, il faut en convenir, il est beaucoup moins étonnant qu'un roi se dise à lui-même : *la nature entière est soumise à mon pouvoir, et mes sujets n'ont de destination que celle de m'obéir et de me servir,* qu'il n'est croyable que des hommes aient soutenu de bonne foi le dogme de l'OBÉIS-SANCE PASSIVE. L'amour-propre exalté devient démence (1) ; quand tout plie sous notre volonté, nous nous persuadons aisément que tout, en effet, doit s'y ranger : mais qui peut se dépouiller de son existence, au point de la croire physiquement et moralement asservie à celui qui n'a pas plus de

(1) . . . . *Nihil est quod credere de se,* *Non possit, cum laudatur diis œqua potestas.* (Juv., sat. 4.)

sens et d'organes que nous, et que tout
nous désigne pour notre semblable? Cette
abnégation de nous-mêmes n'est pas dans la
nature; et l'on ne peut, malgré toutes les illusions de l'amour-propre, conclure, en pareil cas, pour les autres, que d'après le propre sentiment intérieur de son droit. Convenez donc et ne doutez jamais que tout
fauteur du despotisme est un lâche, que la
terreur ou l'intérêt conduisent.

C'est aux rois qu'il faut oser adresser la
vérité; c'est eux qu'il faut instruire et ramener aux premiers principes naturels,
dont il est très-facile de s'écarter, mais à l'é-
vidence desquels il est impossible de ne pas
se rendre quand on les envisage.

Oui, j'ose dire qu'il est impossible de ne
pas concevoir et convenir que l'homme
réuni en société, comme le lui prescrivent la
nature et l'instinct dont elle l'a doué, n'a
étendu ses relations que pour l'intérêt de
son bien-être, objet constant et nécessaire
de ses actions et de ses désirs.

Les hommes sont nés en famille (1), je le

---

(1) Voyez p. 30 et suiv.

4*

répète ; et les familles ensuite se sont confé-
dérées pour résister au despotisme des bêtes
féroces, des torrens, des ouragans, etc. (1).
Celui qu'elles ont jugé le plus habile, est
devenu le chef de cette *confédération*. La
protection des propriétés lui a été confiée. Il
est devenu le pivot de la société. Les avantages qu'elle a retirés de son institution, ont
été les garans des droits qui lui ont été ac-
cordés, le gage de la subordination et du
respect des hommes, qui n'ont jamais pu
obéir à leur semblable que volontairement
et pour leur bien.

De cela seul il suit que le despotisme n'est
pas la conséquence de la société, comme des
frénétiques ont osé l'avancer, mais bien l'a-
néantissement de la société. Ce n'est pas une
forme de gouvernement ; c'est l'anéantissement de toute forme essentielle de gouvernement ; c'est un ÉTAT CONTRE NATURE.

Etendons ces idées.

Le premier principe, base de toute discus-

---

(1) *Jura inventa metu injusti fateare necesse est*
Tempora si fastosque velis evolvere mundi.

(Horat. , l. 1 , sat 3.)

sion, source de toutes vérités, en matière de
gouvernement et de morale, c'est qu'on ne
doit à la société qu'en raison de ce qu'elle
nous profite, puisque son objet est de procurer des avantages à l'espèce humaine, de
multiplier ses forces, ses richesses et ses
jouissances. C'est une vérité de sentiment
qu'il est presque aussi inutile de démontrer,
qu'il serait impossible de la combattre, que
je crois avoir suffisamment établie, et qui
sera souvent étendue et considérée sous ses
divers rapports dans la discussion de cet ouvrage, dont elle est la base.

C'est de cette vérité qu'il suit évidemment que l'homme ne doit au gouvernement
qu'à proportion que sa constitution fait les
conditions meilleures ou plus défavorables,
c'est-à-dire, à proportion qu'il se rappro-
che plus ou moins du premier et unique
motif de son institution ; c'est ici le même
axiòme réduit à des termes plus généraux.

Mais dans le despotisme, la force est le
seul droit ; on n'y peut pas plus faire avec
justice le procès à un révolté qu'à tout autre:
il n'y a de loi que celle du plus fort. La
justice n'y existe pas : il n'y a point de citoyen. Un homme n'est qu'un esclave : un

esclave ne doit rien, parce qu'il n'a rien de propre. Un homme de cœur sortira bientôt d'un pays où le despotisme sera établi (1). S'il ne le peut pas, il sera bientôt dégradé. Où la patrie ne doit rien, on ne lui doit rien, parce que les devoirs sont réciproques. Le gouvernement, qui est un seul homme, dispose de tous les autres pour son plaisir, son caprice ou son intérêt. Dès lors chaque individu a la permission tacite de s'avantager autant qu'il le pourra sur le souverain. En justice réglée, il ne saurait y avoir de trahison dans un état despotique, parce que l'esclave ne peut être ni créancier, ni débiteur. On ne saurait enfreindre des lois et des règles dans un gouvernement dont l'essence

---

(1) Le célèbre *Strozzi*, cette respectable victime de la liberté de sa patrie, n'ayant pu sauver ses compatriotes du joug des Médicis, ordonna par son testament, à ses enfans, d'ôter les os de son tombeau de Florence, et de les emporter à Venise : « afin, dit-il,
« que, n'ayant pas eu le bonheur de mourir
« dans un état libre, je jouisse au moins de cette
« faveur après ma mort, et que mes cendres restent
« en paix, éloignées et à l'abri du joug du conqué-
« rant. »

est de n'en avoir point; et ce défaut de règles est le vice qui doit tout détruire, car rien ne se conserve et ne se reproduit dans la nature, que par des lois fixes et invariables.

Ces vérités, j'ose le dire, sont de l'évidence la plus exacte; leur déduction est conséquente; et si ce tableau semble odieux, ce n'est pas que son coloris soit exagéré; c'est que le despotisme est une manière d'être effrayante et convulsive.

Il est le plus terrible fléau qui puisse affliger les hommes, car il ne saurait atteindre à la perfection, que par l'anéantissement de l'humanité, qui doit lutter sans cesse contre le malheur et les privations, tandis qu'elle recherche continuellement et avec ardeur le bonheur et les jouissances, c'est-à-dire la *liberté*. Un empereur désirait que le peuple romain n'eût qu'une tête, pour pouvoir la trancher d'un seul coup. C'était le vœu barbare d'un insensé (1); mais il ne désirait que la perfection du despotisme.

_____

(1) Il ne faut pas oublier que Caligula ne vomit cette horrible imprécation, que parce que les acclamations du peuple au théâtre ne s'accordaient pas

C'est dans les états despotiques, que, semblable à cet esclave qui ne sortait jamais de la chambre d'un féroce sophi, sans *tâter sa tête avec ses deux mains, pour voir si elle était encore sur ses épaules*; c'est dans les états despotiques que l'homme consterné peut se demander sans cesse, s'il lui reste un souffle de vie, un sentiment, une volonté, une ame (heureux encore s'il était capable d'évaluer son avilissement!) (1). Mais c'est aussi sur ces théâtres de la servitude qu'un tyran a toujours le poids effrayant de ses iniquités suspendu sur sa tête; plus malheureux sans doute au sein des grandeurs, que l'infortuné Damoclès, palpitant sous le glaive, puisqu'aux convulsions de la terreur, le despote réunit encore le supplice des remords, s'il en peut exister dans un cœur habitué à la tyrannie.

---

avec les siennes; car le premier de tous les crimes envers un despote, c'est de le contredire. Eh! que sont les hommes, comparés à l'intérêt de sa plus légère fantaisie!

(1) Lors des affranchissemens du 14ᵉ. siècle, plusieurs esclaves se refusèrent à la liberté qui leur était offerte. (*Spicilegium* , *vol. II* , *p. 387.)*

Un tel langage a droit d'étonner en France, où l'on s'efforce, depuis plusieurs siècles, d'introduire le despotisme, où l'on a même employé successivement des menées sourdes, mais efficaces, et enfin des moyens violens et authentiques à ce but détestable.

Le temps où les historiens écrivaient, peu d'années après un règne long et tyrannique qui dès lors énerva la nation : « Les » français (1) ont toujours eu liberté et » licence de parler à leur volonté de toutes » gens, et même de leurs princes, non pas » apr.. leur mort tant seulement, mais en » leur vivant et en leur présence; » ce temps est passé, les paroles sont des crimes; la liberté de penser est presque refusée. Ainsi Tibère étendait jusqu'aux discours offensans pour la tyrannie, le crime de lèse-majesté, inconnu avant lui, ou qui ne comprenait du moins que les délits contre la chose

_____

(1) Claude Seyssel, évêque de Marseille, depuis archevêque de Turin : *Compar. de Louis XII et Louis XI.* (Voy. Philippe de Com., tom. 11, édit. Lond., 1747.)

publique (1); ainsi les espions et les délateurs, que ce tyran appelait *les protecteurs des lois* (2), sont les armes les plus chéries des despotes; et l'inquisition civile est le symptôme le plus assuré des progrès du despotisme.

Il s'est trouvé parmi les neveux de ces français courageux qui osaient juger leurs maîtres et savaient les servir, des hommes dont la plume vénale a écrit contre la liberté.

Tout ce qui a précédé, tout ce qui va

_____

(1) *Legem majestatis reduxerat, cui nomen apud veteres idem, sed alia in judicium veniebant; si quis proditione exercitum, aut plebem seditionibus, denique malè gestâ rep. majestatem populi romani minuisset, facta arguebantur; dicta impunè erant.* (Tacit. , Ann., l. 1.)

(1) *Subverterint potiùs jura quàm custodes eorum amoverent.* (Tacit. , Ann. , l. 4.)

Et Tacite fait ensuite cette réflexion belle et touchante : *Sic delatores genus hominum publico exitio repertum, et pœnis quidem nunquàm satis coërcitum, per prœmia eliciebantur.*

Voyez au commencement du 14e. livre d'Ammien Marcellin, un beau portrait des délateurs, et l'usage qu'en faisait le tyran Gallus.

suivre, ne leur est pas destiné; il faut re-
former les cœurs avant que de redresser les
têtes. Eh! qui jamais a tenté de faire entendre le langage de l'honneur aux esclaves corrompus et vendus à la tyrannie? Ils débitent
et prodiguent leurs détestables principes,
d'autant plus hardis à conquérir et corrompre des prosélytes, qu'ils sont plus encou-
ragés et plus soutenus par une cour qui,
dénuée de considération, de respect, et
conséquemment de véritable et solide autorité, paye tout, gage tout, et achète les
suffrages qu'elle ne saurait mériter.

Ecoutez ses émissaires. Leurs bouches et
leurs écrits retentissent des grands mots,
honneur, *obéissance*, *fidélité*. Vils esclaves,
qui souillent jusqu'aux vertus, en les déna-
turant dans leur application et leur emploi,
et dont on ne saurait dire s'ils sont plus
odieux ou plus ridicules, quand on les
entend combattre la liberté, et réclamer
contre ses droits!

Mais ceux-ci sont le plus petit nombre,
j'ose encore l'espérer. Peu d'hommes peuvent
être très-bons; croyons que bien moins encore peuvent être très-méchans.

La plupart des citoyens, énervés par l'in-

5

fluence du gouvernement, aveuglés, soit
par ignorance des faits, soit faute d'examen,
soit faute de prévoyance et de sagacité, soit
par la séduction des fauteurs du despotisme,
embrassent plutôt une opinion, qu'ils ne
suivent des principes fixes et réfléchis.

C'est relativement au degré d'attachement
que l'on doit aux lois de sa patrie, aux efforts qu'on doit faire pour leur maintien et
leur défense, qu'on se trompe le plus souvent, parce qu'on n'a point étudié ce devoir
le plus important de tous. La plupart des
hommes prostituent l'humanité par une
obéissance passive; d'autres aussi, ne discer-
nant pas les circonstances où elle est due au
gouvernement, de celles où elle ne l'est pas,
où l'honneur même ordonne de la refuser,
confondent, suivant leurs préjugés, leurs
préventions, mais surtout suivant leur intérêt personnel, la servitude avec l'obéissance, et la fermeté avec la révolte (1).

---

(1) *Pauci prudentiâ honesta ab deterioribus,
utilia ab noxiis discernunt, plures aliorum eventis
docentur,* dit Tacite dans ses Annales.

On se trouve bien pauvre, quand on médite de
bonne foi Tacite.

Nous arrivons tous dans la société avec les mêmes devoirs à peu près ; et la différence qui se trouve entre les divers citoyens, n'est que relative à la différence des moyens; car, en général, les devoirs sont les mêmes pour le plus élevé comme pour le plus obscur.

Ils sont plus ou moins sacrés, en proportion de ce que le gouvernement est plus ou moins équitable, c'est-à-dire, plus ou moins avantageux à la nation qu'il régit ; car (on ne saurait trop le répéter) la nature n'a formé les sociétés que pour les besoins des hommes ; et l'on doit conclure de ce principe incontestable, cet autre théorème important, base de l'économie politique, *que les devoirs sont et ne peuvent qu'être proportionnels aux droits.*

Le maintien de la société est donc le premier devoir du citoyen, parce que chaque homme se doit, avant tout, le soin de son bien-être, et qu'il doit ensuite aide et secours à ses semblables.

Quelle que soit la place où la nature ait fait naître un citoyen, il doit toujours à la patrie, sans doute ; mais plus il est élevé par sa naissance, par ses titres, ses droits, ses

priviléges , sa notabilité , ou , ce qui revient
au même, par les bienfaits de la société ,
dont les avances portent un intérêt continuellement exigible , et plus il a l'obligation
étroite de défendre son pays, sa constitution, au péril de ses biens , de sa vie, de sa
liberté même ; car les différences que la société a mises entre le peuple et les citoyens
notables, les distinctions qu'elle a établies
dans tous les grades de la hiérarchie , sont
pour le bien de tous , et non pas pour
l'avantage exclusif des grands ; et lorsqu'on
profite des avantages d'un marché , on
ne saurait avec justice se soustraire aux
conditions qu'il renferme , fussent - elles
onéreuses.

« L'honneur, dit Aristote, est un témoi-
» gnage d'estime qu'on rend à ceux qui sont
» bienfaisans ; et quoiqu'il fût juste de ne
» porter de l'honneur qu'à ces sortes de
» gens, on ne laissa pas d'honorer encore
» ceux qui sont en puissance de les imiter. »
Il suit de cette belle et judicieuse pensée ,
que tout grand utile à ses compatriotes, est
un véritable *banqueroutier*.

Mais, d'ailleurs , qui donc tient de plus
près à la chose publique que les grands ?

Qui perdra le plus à la subversion de la liberté (1) ? Ce lâche satellite du despotisme, qui sert avec tant d'activité toutes les vues du tyran, ne travailla-t-il ...s à plonger ses enfans dans la servitude, à s'y abîmer lui-même ? Les Tigellins, les Séjans ont-ils échappé aux fureurs des monstres qu'ils encensaient ?

Posons donc comme un principe saint et indestructible, qu'il est de devoir et de premier intérêt pour tout citoyen de lutter pour sa patrie. Juvénal parlait en philosophe égoïste, quand il a dit : *Lorsque le vice règne, la vie privée est la place d'honneur;* car l'oisiveté est la vraie prudence sous le règne du despotisme (2); mais il ne parlait pas en citoyen.

---

(1) *Ita stulti sunt,* disait Cicéron à Atticus, en lui parlant de la pusillanimité des romains opulens lors des entreprises de César; *ita stulti sunt ut, amissâ republicâ, piscinas suas salvas fore videntur.*

(2) *Mox inter quæsturam ac tribunatum plebis annum quiete et otio transit,* dit Tacite en parlant d'Agricola, *gnarus sub Nerone temporum quibus inertia pro sapientiâ fuit.*

Celui qui résiste de tout son pouvoir à la destruction de la société dans laquelle il est né, n'a pas moins de mérite que celui qui tâche de prolonger les jours d'un père caduc, et de lui rendre, s'il le peut, la santé : peut-être ne travaille-t-il pas moins en vain ; peut-être même vient-il un temps où les remèdes politiques sont inutiles, comme ceux de la médecine dans des crises désespérées. Les *Annibal*, les *Aratus*, les *Bélisaire*, n'ont fait que suspendre le décret porté sur leur patrie ; mais si l'on ne régénère pas une société qui périclite, on peut du moins en former une autre : ou le peut même sans bouleversement. Le règne de la chevalerie, celui des grands vassaux, celui des favoris, celui des ministres, celui des financiers enfin sont des révolutions absolues, sous le même nom national.

Ce n'est pas que l'esprit du citoyen, le premier ressort des sociétés, ne se détruise à leur décadence, bien plus encore qu'il ne se dénature. Dans les momens de détresse, tous sentent le mal et murmurent ; mais pourquoi ? C'est qu'alors les papiers publics n'ont pas une marche assurée, et chacun tremble pour sa fortune.

Si, dans ces temps orageux et critiques, l'on raisonnait avec tous les particuliers, peut-être leur trouverait-on des idées absolument contraires au retour vers le bien; car le gouvernement, une fois despotique, exclut et détruit les lumières et la volonté même. Il n'y a plus de patriote, parce qu'il n'y a plus d'homme éclairé en grand, et qu'il n'y aura bientôt plus de patrie (1). On ne songe qu'à *soi*; chacun gémit, parce que le *soi* de chacun est attaqué (2) : alors la cause de chaque particulier devient la cause commune, et le malheur général peut tout réunir.

C'est de cette crise même qu'il faut profi-

----

(1) César disait : *Nihil esse rempublicam; appellationem modo sine corpore ac specie;* et il avait raison. Il n'asservit point la liberté publique: Rome, corrompue, était déjà esclave. César ne fit que s'arroger le despotisme réparti sur les têtes de tous les factieux *qui dominaient dans cette anarchie appelée république.*

(2) Cicéron se plaignait à Atticus que les petits intérêts des peuples d'Italie les aveuglaient sur le grand intérêt de repousser l'ennemi commun. « *Nil prorsùs aliud curant nisi agros, nisi villulas, nisi nummulos* »

ter. : c'est ainsi qu'à certaines époques l'on
ne saurait attendre le remède que de l'excès
du mal; c'est ainsi qu'on peut espérer la ré-
génération de la société au période le plus
accéléré de sa décadence.

Si Guillaume-le-Conquérant eût été plus
modéré; si ses successeurs n'eussent pas montré tour à tour tant de faiblesses et de manœuvres despotiques (contraste presque
inévitable dans le gouvernement féodal); si
les anglais eussent moins éprouvé toutes les
anxiétés de l'autorité arbitraire, ils ne seraient pas devenus libres.

Sans les abus de la féodalité et les excès
des grands , la liberté n'aurait jamais peut-
être été rendue à l'Europe (1).

Il est trop heureux, lorsque tous les principes sont inconnus ou détruits, que *l'inté-*

---

(1) Louis-le-Gros en France ; long-temps après
lui , Frédéric Barberousse en Allemagne , et les rois
d'Angleterre , n'établirent et ne soutinrent l'administration municipale, que pour abaisser les grands ,
et diminuer , par le contrepoids de cette institution , leur autorité exorbitante. L'établissement de
l'administration municipale a été , dans toute l'Europe , l'époque du recouvrement de la liberté.

rét aiguillonné puisse redonner quelque ensemble, et fournir encore des moyens au sein du chaos de l'anarchie. Celui qui connaît les hommes, tire parti même de leurs défauts.

J'entends répéter sans cesse que « *l'égoïsme* est le premier vice des peuples corrompus; que tout est perdu quand *l'égoïsme* domine; que *l'égoïsme* est le dernier degré de la corruption. »

Tout cela peut être fort philosophique, et vrai à beaucoup d'égards; mais avouons de bonne foi que cet *égoïsme*, objet de tant de satires, et cependant si commun, fut toujours et sera dans tous les temps le défaut le plus général de l'humanité; car les hommes à qui la nature pre crit le sentiment et la nécessité de s'aimer avant tout (1), penchent à s'aimer exclusivement.

_____

(1) Un auteur célèbre a écrit : « Je préfère, disait un philosophe, ma famille à moi, ma patrie à ma famille, et le genre humain à ma patrie. Telle est la devise de l'homme vertueux. »

Je dis que non ; car ce sentiment n'est pas dans le cœur humain ; et la vertu n'est pas contraire aux penchans de la nature. Cette maxime a le coup-d'œil

Peut-être ce défaut est-il aussi le premier
et le plus nécessaire de tous les ressorts que
la nature ait donnés à l'homme. L'amour-
propre est au moral ce qu'est le sang au physique ; l'un est aussi indispensable que l'autre à notre constitution. Cette passion crée
et développe toutes nos facultés : elle est
dangereuse lorsqu'elle est exaltée. Mais le
sang, sans la circulation duquel les animaux ne peuvent vivre un instant, ne cau-
se-t-il pas des ravages affreux quand il s'en-
flamme ? Le sang est la source de la vie : que
serait l'homme sans l'amour-propre ? le plus
médiocre, le plus borné, le plus faible et le
plus inutile de tous les êtres.

Quoi qu'il en soit, nous sommes tous conduits par l'amour-propre, ou, ce qui revient
au même, par *l'égoïsme.* Il surnage sur toutes les passions ; et son empire est éternel,
tandis que celles-ci s'affaiblissent sans cesse.

Or, il n'est pas possible de refaire l'humanité, tout le talent consiste à en tirer parti.
Nous devons être gouvernés par nos préjugés

---

du charlatanisme ; mais comme on n'en saurait
soupçonner l'auteur, on peut dire que l'enthousiasme
l'a égaré.

et nos passions. La science de l'éducation politique est de nous inspirer des préjugés qui tendent au bien général, et d'y diriger nos passions; et ces passions, ces intérêts si actifs, si opposés en apparence, et sources éternelles des divisions humaines, seront la base de l'union des citoyens, et le lien de leur fraternité, quand ils seront éclairés et instruits.

On ne devrait donc parler aux hommes, et surtout aux princes, que de leur *intérêt*; il est l'idole des souverains : tout, dans leur ame aride, s'y rapporte; aucun autre objet ne les affecte : *générosité*; *bienfaisance*, *justice*, ne sont pour eux que des mots; encore sont-ils les moins connus de leur langue. Les mouvemens éphémères d'une sensibilité produite par l'instinct, et non pas fondée sur des principes, sont étouffés et détruits par la moindre fantaisie, et l'on ne porte avec le diadème ni les remords dévorans, ni l'importune pitié (1).

---

(1) Racine l'a si bien dit :
Quand on est sur le trône, on a bien d'autres soins,
Et les remords sont ceux qui nous pèsent le moins.

Si l'on disait à un souverain *qu'il n'est elevé au-dessus des hommes que pour leur avantage*, ce serait lui offrir une vérité égalent évidente et respectable ; mais assurément il ne la croirait pas (1) ; et cette moralité l'ennuierait beaucoup, si elle ne l'irritait

———————————————————

(1) Les premiers s'en sont cependant douté, et ils ont sagement fait. Faudrait-il citer des preuves d'une vérité si constante ?

On retrouve dans l'auteur des formules le modèle de l'édit par lequel les rois de France indiquaient à la nation celui de leurs enfans qu'ils avaient désigné pour leur collègue. « *Et nos* unà cum consensu procerum nostrorum, *in regno nostro illo filium nostrum regnare præcipimus, etc.* » Les rois croyaient alors, sans doute, que leurs sujets avaient droit de compter avec eux.

On voit dans le registre des plus anciens parlemens anglais ces propres mots : « Tout jugement appartient au roi et aux lords. »

Pourquoi, dit Robertson en parlant du changement des propriétés *allodiales* en propriétés *féodales*, *pourquoi un roi se serait-il dépouillé lui-même de ses domaines*, *si*, *en les divisant et les partageant*, *il n'eût acquis par-là un droit à des services qu'il ne pouvait exiger auparavant.*

« L'état de la royauté, disait Elisabeth aux com-

pas. « Apprenez à vos pupiles que la nature
» n'a pas destiné l'Europe entière à être le
» jouet de douze familles, » disait le sénat
de Suède aux gouverneurs de ses princes. Il
aurait payé bien cher l'audace d'avoir publié
cette vérité, si le nouveau Gustave n'était
pas un grand homme, et n'était pas arrivé
tel sur le trône; car peu de souverains savent
encore ou veulent entendre que leur peuple n'est pas destiné de droit divin à leur
servir de bêtes de somme ou de passe-temps.

Si l'on disait à ce souverain *qu'il s'en
faut de beaucoup qu'un grand roi soit celui
qui augmente le plus son autorité*, ce serait
une maxime très-certaine; mais il ne la com-
prendrait pas, car elle tient à des princi-

» munes, n'aveugle que les princes qui ne connais-
» sent pas les devoirs qu'impose la couronne; j'ose
» penser qu'on ne me comptera point au nombre de
» ces monarques. Je sais que *je ne tiens pas le sceptre
» pour mon avantage propre, et que je me dois
» tout entière à la société qui a mis en moi sa con-
» fiance.* » (M. Hume.)

Elisabeth était assez éclairée, assez grande, pour
penser ainsi ; mais peu de princes sont aussi grands
qu'Elisabeth.

pes qu'il faudrait d'abord mettre à sa portée. Comment donc l'instruire de ce qu'il lui est si important de savoir?

On a répété souvent *que les princes devraient avoir toujours la postérité devant les yeux.* Eh! que leur importe la postérité? Les rois sont-ils suceptibles de cette sensibilité qui pourrait leur faire trouver un frein ou un encouragement dans les jugemens de la postérité? Ah ! si vous voulez qu'ils soient justes, démontrez-leur qu'ils ne peuvent cesser de l'être, sans risquer de se perdre : peut-être alors la réflexion balancera-t-elle l'instinct. Croyez que leur intérêt est et sera toujours leur boussole. S'ils sont peu éclairés, ils se tromperont sur cet intérêt ; et alors malheur aux hommes !

Laissons donc *la gloire, la postérité,* et toutes autres expressions oratoires; répétons souvent aux princes un mot moins sonore, mais plus puissant, le mot *intérêt,* ce mot si décevant pour l'humanité. Un homme de beaucoup d'esprit a dit : *Quand l'intérêt veille dans notre cœur, il y annonce le sommeil de la nature.* Cette pensée est très-fausse, et n'a produit qu'une phrase brillante. L'intérêt est le premier *appétit* et le plus sûr mobile

de la nature. Traitons donc les rois en
hommes; replions leurs réflexions sur eux-
mêmes, et tenons-leur avec hardiesse et simplicité à peu près ce langage:

« Sans doute il faut étendre votre autorité.
» Là chose publique n'est que le piédestal de
» votre grandeur. Tous les pas que vous
» faites doivent concourir à votre agrandis-
» sement; mais, en essayant d'augmenter
» votre *autorité*, craignez de diminuer
» votre *puissance*. Soyez juste et modéré
» pour votre intérêt, car on n'opprime
» pas les hommes sans danger.

» La nature est bornée dans ses largesses;
» elle les a réparties d'une main économe et
» équitable, c'est-à-dire, très-également, à peu
» de chose près; et si nous calculions tous
» les avantages et les désavantages physiques
» et moraux de chaque individu, nous
» trouverions une bien petite différence
» d'homme à homme. Au moins n'en existe-
» t-il aucune dans la distribution des droits
» relatifs à la *liberté*, ou, ce qui revient au
» même, relatifs *au respect qu'exige toute*
» *sorte de propriétés.*

» La nature les a dispensés avec la plus
» parfaite impartialité. Tout individu a

» des droits, et contracte par cela même
» des devoirs dont l'exécution est de pre-
» mier intérêt, et du plus évident avantage
» pour chacun de ces individus, puisque
» ses droits y tiennent inséparablement.
» *Droits et devoirs*, voilà le balancier de
» l'humanité. Ceci n'est point un étalage
» affecté de morale, c'est la base du calcu-
» de la société; et chaque homme trouvera
» la démonstration de ce principe dans sa
» propre expérience, quand il voudra l'y
» chercher.

» Repoussez donc pour un instant les
» illusions de l'orgueil; sortez de l'ivresse
» du pouvoir; interrogez-vous dans le silen-
» ce des passions, et souvenez-vous que l'avi-
» dité connaît et sert mal ses propres intérêts.

» Le peuple auquel vous commandez n'a
» pu vous confier l'emploi de ses forces que
» pour son utilité, ou, ce qui revient au
» même, pour le maintien de la sûreté pu-
» blique, tant intérieure qu'extérieure, et
» pour tous les avantages qu'il s'est promis,
» quand il a institué une *autorité tutélaire*.
» Vous ne lui avez pas arraché l'exercice
» de ses droits; car il était le plus fort avant
» qu'il vous eût créé le dépositaire de sa

» force (1). Il vous a rendu puissant pour son
» plus grand bien ; il vous respecte, il vous
» obéit pour son plus grand bien. Parlons plus
» clairement encore, il vous paye et vous paye
» très-cher, parce qu'il espère que vous lui
» rapporterez plus que vous ne lui coûtez.

» *Vous êtes, en un mot, son premier sa-*
» *larié*, et vous n'êtes que cela. Or, il est de
» droit naturel de pouvoir renvoyer celui
» que nous payons, et qui nous sert mal,
» comme il est contraire à ce droit naturel
» que chacun ne soit pas libre d'examiner,
» de connaître ses propres intérêts, et que
» les droits des hommes puissent être arbi-

(1) Le serment d'obéissance que les arragonnais
prêtaient à leur souverain est vraiment sublime, en
ce qu'il rappelait à leur roi cette vérité que nul autre n'a peut-être entendue. Le grand-justicier pro-
nonçait, à l'inauguration du roi, ces mots au nom des
états : *Nos que valemos tanto como vos, y que*
podemos mas que vos, os asemos nuestro Rey y
senor, con tal que guardeis nuestros fueros ; si
no, no.

» Nous qui sommes autant que vous, et qui pou-
» vons plus que vous, nous vous faisons roi et sei-
» gneur, sous la condition que vous garderez nos lois
» et nos priviléges ; sinon, non.

» trairement diminués par ceux qui ont
» été chargés de les défendre.

» *Souvenez-vous*, disait Louis IX, en
» mourant, à son fils, *que la royauté n'est*
» *qu'une charge publique, dont vous rendrez*
» *un compte rigoureux à celui qui seul dis-*
» *pose des sceptres et des couronnes.*

» Un grand roi (1) ne craignait pas
» d'avouer, dans une convocation des dépu-
» tés de sa nation, *que la règle la plus équi-*
» *table est que ce qui intéresse tous, soit*
» *connu de tous ; on pourrait dire :* ce n'est
» pas *la plus* équitable, *c'est la seule* équi-
» table.

» Ces vérités paraissent dures à qui les en-
» tend pour la première fois. Elles vous irri-
» tent plus encore qu'elles ne vous étonnent,
» et je devine aisément votre réponse. *Que*
» *m'importe le droit,* m'allez-vous dire, *si*
» *le fait a décidé pour moi? Je suis le plus fort;*
» *et s'il est vrai que j'abuse de l'autorité qui*
» *me fut confiée, je puis et je saurai main-*
» *tenir mon usurpation vis-à-vis de ceux qui*

---

(1) Edouard I., dans un writ de convoc., 13e. siècle.

» se sont imprudemment dépouillés du pou-
» voir de me contenir.

» Telles sont les illusions dont se repaît
» l'insatiable cupidité, qui n'envisage que
» les moyens de se satisfaire, et s'étourdit
» aisément sur leur danger.

» Pensez à ce mot si sage qu'un insensé
» adressa un jour à un puissant despote :
» Que ferais-tu, Philippe, si tous tes sujets
» s'avisaient de dire non toutes les fois que
» tu dis oui (1) ?

» O prince, à qui la nature n'a pas donné
» plus d'organes et de facultés qu'à tout
» autre homme, votre peuple et vous, ne te-
» nez l'un à l'autre que par le lien étroit de
» l'utilité qui nous unit tous. Si vous le
» rompez, vous compromettez votre exis-
» tence, soit que la société vous arrache le
» pouvoir dans lequel elle ne trouve qu'op-
» pression et malheur, au lieu de protection
» et prospérité; soit que vous réussissiez à
» énerver vos sujets par la servitude, et à

---

(1) Le sage Plutarque dit (Traité de la mauvaise
honte, chap. 7) que les habitans d'Asie étaient
les esclaves d'un seul, pour ne pas savoir prononcer
cette syllabe, NON.

» ruiner leur pays par les ravages du despo-
» tisme; car votre puissance exagérée subira
» le sort de l'état, qui, épuisé d'hommes et
» de ressources, s'écroulera sitôt qu'on
» entreprendra de le renverser, et qu'il ne
» sera défendu que par des esclaves.

» Vous êtes certainement le plus favorisé
» par la loi. Si vous la foulez aux pieds,
» ce sera vous qui y perdrez le plus. Si vous
» avez enfreint une fois ces lois embarras-
» santes, la crainte est la seule chose qui
» contiendra vos sujets. Si elle cesse un
» moment, vous êtes perdu par les secousses
» de la révolte; et vous êtes encore perdu
» avec tout l'état, si elle continue, par la
» lâcheté et l'impuissance de la servitude.
» Un grand homme habitué à observer les
» despotes et les esclaves, l'a dit il y a
» long-temps, et cette éternelle vérité se
» vérifiera dans tous les pays et tous les
» âges : *La crainte est le plus faible lien*
» *qui puisse contenir les hommes ; car*
» *ceux qui commencent à craindre, ont déjà*
» *commencé à haïr* (1).

----

(1) *Metus et terrores, infirma vincula carita-*

» Si vous regardez les priviléges des divers
» ordres de vos sujets comme des abus, vous
» êtes à la veille de voir regarder comme
» tels vos propres priviléges ; car la repré-
» saille est le droit de la nature.

    » *Les priviléges sont des abus*, disait un
» ministre de nos jours. Son ignorance
» seule le lavait du crime de *lèse-majesté* ;
» car les rois ne sont-ils pas tels, par un *pri-*
» *vilége* attaché à leur famille et à leur per-
» sonne ?

    » Ne calculons ; si vous voulez, que les
» moyens les plus sûrs d'asseoir sur une base
» solide le pouvoir arbitraire, dont il est
» fort agréable de jouir, mais très-dange-
» reux d'abuser;vous verrez bientôt qu'il fau-
» dra le modérer, et que les caprices des *Do-*
» *mitien* et des *Héliogabale* ne sont pas de
» bons moyens pour séduire les hommes et
» les fixer (1).

---

*tis , quæ ubi removeris , qui timere desierint, odisse
incipient.* (Tacit. , Vit. Agricol.)

    (1) Néron se plaignait de ce que ses prédécesseurs
n'avaient pas connu toute l'étendue de leur pouvoir.
Negavit quemquam principum scisse quid liceret.
Mais les excès de fureur qu'il regarda comme appar-

« Aujourd'hui toutes les autorités sont
» rapprochées plus ou moins du despotisme.
» Comment se soutiennent-elles ? Par les in-
» dividus qu'elles y ont su intéresser, en
» leur en abandonnant une partie; en sorte
» que, par exemple , la puissance d'un roi
» absolu tient inséparablement à la consi-
» dération de sa noblesse, à la fidélité de
» ses milices, à l'économie de ses ministres,
» à l'aveuglement du peuple qui s'abusera très-
» aisément sur les motifs de vos manœuvres ,
» mais non pas sur vos vexations , dont les
» suites sont trop ruineuses et trop visibles(1).

» Les ombres et les nuances sont nécessai-
» res pour faire ressortir les objets. Si vous
» les confondez, si vous renversez la hiérar-
» chie dont vous êtes le chef, si vous décou-

tenant à *son pouvoir*, lassèrent la patience des plus
vils esclaves qui furent jamais, je veux dire des romains ; et il fut massacré.

Un despote , dit Gordon , ne fait *que renouveler*
les prétentions surannées des anciens tyrans, et re-
connaît pour ses prédécesseurs, des fous, des idiots,
et des bêtes féroces les plus détestables que la terre
ait jamais portées.

(1) *Tributa et injuncta imperii munera impigri*
obeunt, si injuriæ absint; has ægrè tolerant. (Tac.
in Agricol.)

» vrez aux hommes leurs chaînes, si leurs
» yeux ne sont plus fascinés, si leurs bras ne
» peuvent plus suffire à votre cupidité, si
» vous gaspillez follement les richesses que
» leur arrache votre insatiable tyrannie,
» que gagneraient-ils à ramper encore? Ils
» se souviendront qu'ils sont les plus nom-
» breux et les plus forts ; que vous n'avez de
» puissance que celle qu'ils vous abandon-
» nent ou vous procurent.

» Ils se souviendront que les hommes qui
» vont tous se perdre dans le cercueil des
» temps, que les hommes *égaux en droits,*
» *égaux en devoirs,* qui ne sont distans les
» uns des autres que par le degré *d'utilité*
» dont ils sont à leurs semblables, réclament
» au même titre la liberté, et ont tous un
» égal droit à la défendre, lorsqu'elle est at-
» taquée.

» Ils se souviendront que l'on dit *maître*
» un tel, *monsieur* un tel, *monseigneur,*
» votre *altesse,* votre *majesté* même; que
» derrière tout cela *il n'y a qu'un homme,*
» mais aussi que derrière tout cela *il y a un*
» *homme.*

» Que l'intérêt de la liberté publique ré-
» side également dans chaque membre de

» la société établie pour la sureté et l'avan-
» tage de tous ceux qui la composent.

» Et que *les lettres de cachet*, par exem-
» ple, ce chef-d'œuvre moderne d'une in-
» génieuse tyrannie (1), sont plus dange-

---

(1) Tacite nous apprend (*Mœurs des germains*,
chap. 7.) *que chez les germains, le magistrat lui-
même n'avait pas le droit d'emprisonner un homme
libre, ni de lui infliger aucune peine corporelle.*
*Caterum neque animadvertere, neque vincire, ne-
que verberare quidem, nisi sacerdotibus permis-
sum.* L'exception des prêtres n'est pas un statut légal : elle ne prouve que la superstition et le fanatisme de ceux qui leur donnent un tel privilége.

On trouve dans les ordonnances des rois de France
(*tom.* 1, *pag.* 72—80), *que personne ne pouvait
être arrêté ni mis en prison pour aucune dette particulière*, et même (ibid., vol. 3, p. 27) *qu'il était
permis d'arracher des mains des officiers un prison-
nier arrêté, sous quelque prétexte que ce fût, à
moins d'un crime capital.*

Quand Bouchard de Montmorenci rejeta constamment le jugement de Philippe I, qui le condamnait
en faveur de l'abbé de St.-Denis, on lui permit de se
retirer, mais on ne l'emprisonna point ; attentat au
droit naturel, violation de la liberté alors inconnue aux
français, comme le dit expressément l'abbé Suger :
*Non tentus, mos neque enim francorum est, sed
recedens.*

» reuses pour les hommes, que l'infernale
» invention de *Phalaris* (1), en ce qu'elles
» réunissent à l'illégalité la plus odieuse un
» imposant appareil de justice; tandis que
» ce supplice n'était du moins que l'acte de
» frénésie d'un monstre insensé, tel que la
» nature n'en vomit pas deux en plusieurs
» siècles.

» Ils ne se laisseront plus abuser par le
» grand et mystérieux mot *de secret d'état*;
» ils penseront que celui qui tendrait à
» faire, des intérêts des peuples et de ceux
» des souverains, deux objets distincts et
» séparés, serait un art aussi criminel
» qu'insensé (2); ils penseront que le *vérita-*

---

(1) Le taureau d'airain dans lequel ce forcené faisait mugir les infortunés qu'il y brûlait. Il ne faut pas oublier que l'infâme Périllo, auteur de cette cruelle invention, éprouva le premier ce supplice.

La Providence a souvent puni de la sorte les satellites de la tyrannie. Phalaris lui-même fut lapidé dans une émeute populaire excitée par les reproches que le philosophe Zénon fit aux Syracusains de leur lâche pusillanimité.

(2) Charles II disait : « Que le duc de Lauderdale « avait fait à la vérité beaucoup de choses condam-

6

» *ble secret d'état* consiste uniquement à
» rendre les hommes heureux; et , par con-
» séquent, à les laisser et maintenir paisibles
» possesseurs *de leurs travaux* et de *leur*
» *liberté*.

» Que nul homme n'a droit d'assigner les
» circonstances où l'on peut permettre de
» violer la *propriété*, cette base unique de
» toute société ,. à moins d'un délit social
» qui rende le malfaiteur indigne d'être
» citoyen.

» Que celui qui fut chargé de maintenir
» ce droit de *propriété*, ou plutôt qui ne
» fut créé que dans cet objet , abuse indi-
» gnement de la confiance des citoyens, et
» devient l'ennemi public, lorsqu'il y at-
» tente.

» *Ils penseront qu'ils ne se donnèrent un*
» *prince que pour se préserver d'avoir un*

» nables et pernicieuses contre les peuples d'Écosse;
» mais je ne vois pas , ajoutait-il, qu'il ait rien fait
» contre mes intérêts. »

Mon intendant a , par ses vexations , fait déguer-
pir tous mes vassaux ; *mais je ne vois pas qu'il ait*
rien fait contre mes intérêts.

» *maître* (1), c'est-à-dire, un *tyran violateur*
» *des droits naturels*, antérieurs à toute so-
» ciété, et conséquemment à toute autorité.

  » Ils penseront qu'il n'est point de pro-
» priété plus chère et plus sacrée que celle
» de notre liberté personnelle, et surtout
» que c'est être étrangement aveuglé sur ses
» intérêts et ses droits, que de consentir à
» la perdre à la vue d'un papier illégal,
» quand on peut enchaîner la main qui l'a
» signé, et qui le livre aveuglément aux
» fantaisies des maîtresses, et aux ven-
» geances des ministres et des commis.

  » Envisagez tout cela, prince, avant que
» de prendre le parti dangereux d'oppri-
» mer les hommes sous le faix du despotisme;
» réfléchissez que dans les pays où le peuple
» sera *serf*, où, par conséquent, il sera dé-
» sintéressé de la chose publique, et ne sera
» pas maître de surveiller ses intérêts, de
» calculer les avantages qu'il retire de l'ad-
» ministration, de représenter ses droits,
» de prévenir les atteintes qui peuvent y

---

(1) Ce mot est de Pline, (panégyrique de Trajan.) *Sedem obtinet principis, ne sit domino locus.*

» être portées, de travailler et de jouir en
» paix, de savoir ce qu'il doit et pourquoi
» il le doit, de ne payer que les rétributions
» nécessaires à l'entretien et aux fonctions
» de l'autorité tutélaire à laquelle il s'est
» soumis pour son plus grand bien, et de ne
» payer ces rétributions que de la manière
» la moins onéreuse et la plus simple ; ré-
» fléchissez que dans un tel pays il n'y aura
» ni force, ni richesses, ni ensemble, ni
» consistance, ni industrie ; qu'une telle
» constitution ne saurait être appelée *société;*
» qu'elle est *contre nature*, et par consé-
» quent instable et orageuse ; qu'il n'est ni
» sol ni climat, ni ressources naturelles, qui
» puissent résister aux terribles influences
» d'un pareil brigandage; qu'un tel royaume
» sera pauvre, obéré, inculte, dépeuplé,
» envahi par le premier qui osera profiter
» de cette crise funeste ; ou plutôt pensez
» que si un seul homme réveille d'autres
» hommes de l'assoupissement de l'escla-
» vage (1), vous serez dès ce moment le plus

_____

(1) Les cris d'un vieillard (Volero) excitèrent les
plébeiens, vexés jusqu'alors impunément par l'inso-

» faible comme le plus détesté de tous les
» êtres malfaisans, et vous deviendrez la
» victime publique, comme vous étiez le vé-
» ritable ennemi national.

» Désirez-vous le pouvoir absolu ? Veuil-
» lez toujours ce qui est juste ; vous pour-
» rez toujours ce que vous aurez voulu.
» C'est en ce sens seul que l'Être suprême
» est absolu ; en un mot, soyez juste, non
» pas parce que cela est *honnête*, mais par-
» ce que cela est nécessaire, et n'oubliez
» jamais qu'un prince qui ramène à lui
» toute l'autorité, la perd toute (1). »

Un tel discours n'est pas d'une morale

---

lence des patriciens, et mirent Rome à deux doigts
de sa perte.

On sait qu'un seul particulier (Guillaume-Tell)
ranima dans les suisses le courage et la haine d'un
despotisme intolérable.

Quand la mesure des iniquités est comblée, le
moindre événement, l'incident le plus frivole en apparence produisent la révolution.

(1) C'était la maxime d'un habile tyran. Tibère
disait au sénat : *Les princes ont assez d'occupations;
ils ont assez de pouvoir : on le diminue alors qu'on
veut trop l'augmenter. Satis onerum principibus,*

6 ᴷ

délicate et recherchée sans doute, mais il
est de bon sens, et ses principes sont également conformes au respect dû aux droits
des hommes et aux véritables intérêts des
princes.

On peut le résumer, en rapportant ce mot
célèbre de Sénèque, devenu l'épigraphe de
la tyrannie : *Timet timentes*(1). Tel est l'arrêt
irrévocable des despotes : *l'autorité, crainte
de tous, craint tout*. Et Thalès disait, à mon
avis, une grande vérité, quand il citait un
vieux tyran pour *la chose la plus extraordinaire qu'il eût vue dans ses voyages.*

----

*satis etiam potentiæ : minuit jura quoties gliscat
potestas.* (Tacit. , Annal. , lib. 3.)

Et ailleurs (hist. 2.) : *Nec unquàm satis fida potentia ubi nimia est.*

*En demùm nixa est potentia quæ viribus suis
modum imponit* , dit Salluste.

La femme de Théopompe, roi de Lacédémone,
lui reprochait qu'il laissait la royauté moins absolue
à ses enfans par la création des éphores. « Cela est
« vrai , répondit-il , je la leur laisse plus bornée ,
« mais plus durable. »

(1) Hercule furieux.

C'est avancer une nouveauté bien hardie, sans doute, que de dire aux souverains : *Vous êtes les salariés de vos sujets, et vous devez subir les conditions auxquelles vous est accordé ce salaire, sous peine de le perdre.*

Examinons si ce principe est hasardé ; car son énonciation est très-nouvelle ; et si d'autres français l'ont pensé avant moi , je suis peut-être le premier qui ait osé l'écrire. Les hommes , alors même qu'ils sentent la vérité, et qu'ils veulent lui rendre hommage, l'altèrent encore ; et se laissent aller à des ménagemens de convention , fruit des préjugés admis et fomentés dans la société. *Le singe de la raison*, disait Bolingbroke, *usurpe son siège et exerce son pouvoir.* Il serait temps de secouer cet esclavage de l'esprit , et de voir si la liberté courageuse de penser tout haut, ne saurait indroduire tôt ou tard celle d'agir.

On a comparé souvent la souveraineté à l'autorité *paternelle.* C'est une belle idée sans doute que celle d'une telle harmonie sociale : le premier qui la conçut était un homme vertueux , doué d'un beau génie ; mais, je le répète, hélas ! et l'expérience de tous les âges répète avec moi , que la véritable générosité est la vertu la plus rare chez les hommes, et surtout chez les rois, qui sont les moins éclairés des hommes. Remontons donc aux véritables principes, ou plutôt à la véritable origine de la royauté, et abandonnons, quoiqu'à regret, la sublime et douce chimère des *souverains pères de leurs sujets* ; car si la nature bienfaisante accorde quelquefois aux nations un Henri IV, elle se repose de cet effort pendant bien des siècles, par une longue stérilité.

L'homme veut être heureux, il veut jouir : il finit toujours par vouloir jouir avec tranquillité ; car les jouissances tumultueuses ou troublées ne sont pas des jouissances.

On ne jouit guère que par le travail ; car la terre que nous habitons est une bonne mère ; mais elle veut être sollicitée (1).

L'idée d'une propriété acquise (2) par le

_____

(1) Varon a dit : *Dii laboribus omnia vendunt ; facientes Deus adjuvat;* et on le répétera long-temps après lui, avant de le dire mieux.

(2) J'ai cru pouvoir me dispenser de distinguer ici trois espèces de *propriétés* (la *personnelle*, la *mobiliaire* et la *foncière*), comme l'ont fait les écrivains économistes, sans doute avec raison ; car il fal-

travail, est une des premières notions que nous donne la nature ; cette idée se perfectionne dans ses analogies, quand on la médite ; mais indépendamment de toute réflexion, l'instinct nous dit : que *la récolte que nous avons semée est à nous ; que quiconque veut nous en priver est méchant, injuste et notre ennemi, que nous pouvons et que nous devons même repousser, réprimer, et mettre dans l'impossibilité de nous nuire, par tous les moyens qui sont en notre pouvoir.*

L'instinct, dis-je, nous enseigne tout cela, avant que des combinaisons sociales nous aient appris toutes les conséquences de ce principe, et démontré, par exemple, que

---

lait établir et détailler avec méthode des vérités trop long-temps négligées, et même ignorées, pour en déduire les conséquences qui forment le véritable système de l'économie politique ; mais il n'est question ici que du respect inviolable dû aux *propriétés*, et des conditions sous lesquelles on a pu les mettre sous la sauve-garde d'un seul ou de plusieurs. Or, l'idée de *propriété* suffit à cet objet ; vous l'étendrez et la subdiviserez autant que vous voudrez, toujours sera-t-il que toute sorte de propriété réclame évidemment les *mêmes droits.*

celui qui attaque une propriété, par cela
même les attaque toutes.

Le caraïbe défend et a droit de défendre l'animal qu'il a pris à la course ou dans
les lacs, comme l'homme social défend et a
droit de défendre le champ qu'il a semé.

Quelle est la différence qui se trouve entre eux ? Le caraïbe n'a que ses deux bras
pour protection du fruit de ses travaux ;
l'homme social réunit les siens à ceux d'autres hommes associés, pour l'aider à cultiver,
à semer, à recueillir, à défendre, à façonner,
échanger ses propriétés.

Mais les hommes se trouvant trop partagés
entre les soins de cultivation et de défense,
ont mis toutes les propriétés sous la sauve-
garde d'un seul ou de plusieurs, revêtus de
ce que nous appelons l'autorité *tutélaire*,
c'est-à-dire, du pouvoir d'exercer la police,
pour qu'on puisse semer et recueillir en paix ;
de sonner l'alarme dans la communauté,
lorsque l'ennemi du dehors la menace ; de
réunir, en un mot, les forces *de tous* pour
tel ou tel autre avantage qui doit en résulter
pour tous. (1)

_____

(1) *Omnia invisere, omnia audire, et undecunque*

Il suit de là que le respect de la propriété
est la base, comme l'objet, de toute société et
de toute législation ; de celle même qui, par
ses défauts ou les efforts contraires des passions humaines mal contenues, semblerait la
respecter moins.

Un des plus méprisables, mais cependant
des plus accrédités prôneurs du pouvoir arbitraire, l'ignorant et ampoulé M. *Linguet,*
n'a pas pu s'empêcher d'en convenir *dans*
la Théorie des lois civiles ; et cet aveu, pour
le dire en passant, ne laisse pas de l'entraîner dans des contradictions passable-
ment ridicules.

Dans le gouvernement féodal, dont le
principal vice, et peut-être le seul (1), était
de ne point protéger le droit de propriété de
la classe nourricière, la plus nombreuse et
la plus utile portion de l'humanité ; dans ce
gouvernement, qui n'était guère qu'une association des plus forts contre les plus faibles,

---

invocatum statim velut numen adesse et assistere.
Voilà les devoirs et les fonctions de l'autorité souveraine.

(1) Il est vrai que ce seul défaut doit entraîner la
dissolution de la société.

association mal dirigée, même dans cet objet, puisque le défaut de police et d'harmonie concourait toujours à faire prévaloir
quelque tyran au sein de cette anarchie ;
dans une telle constitution, dis-je, vous
trouverez des idées distinctes de *propriétés*.

Qu'on n'objecte pas que les incursions des
germains, législateurs féodaux, si l'on peut
s'exprimer ainsi, ne furent guère occasion-
nées que par l'amour du pillage et l'émulation de la gloire militaire, et que l'idée de
propriété n'entrait pour rien dans ces asso-
ciations.

De tels hommes réfléchissaient peu sans
doute sur l'art de perfectionner les institutions politiques ; mais le pillage emporte lui-
même l'idée de *propriété*, car aucun dévastateur ne voudrait se voir enlever le fruit de
ses spoliations ; et d'ailleurs les germains (1)
ne se partagèrent pas plutôt les possessions
conquises, que l'idée de *propriété* se mêla
naturellement à celle de *travail*, et l'idée de
défense et de *respect* à celle *de propriété* ; et
voilà pourquoi le don des *fiefs*, d'abord

_____

(1) Les normands, les danois et tous les conquérans septentrionaux.

précaire et momentané, s'étendit à la vie du *donataire* : il devint même *héréditaire* dans le perfectionnement de la loi féodale.

Ces premiers points posés, il est aisé de sentir que les rétributions que la société départit à celui qu'elle a revêtu de l'autorité tutélaire, ont deux objets : le premier renferme *tous ceux d'utilité publique* ; le second renferme *le salaire dû à cet officier public*, qui ne perdra pas son temps à veiller sur les propriétés des autres, sans qu'on le dédommage de ces fonctions pénibles et continuelles, et qui, d'ailleurs, est obligé de gager à son tour des coopérateurs.

Il suit donc de tout ceci que le monarque n'est autre chose que le *salarié de l'état*, sous toutes les conditions qu'emportent ce mot et cette fonction de *salarié* ; car la société ne le paye pas, cet officier public, pour lui épargner de la peine, mais afin qu'il prenne celle de défendre la masse des richesses publiques ; et par conséquent chaque propriété particulière.

L'un des plus respectables rois qui ait jamais occupé le trône, Henri IV, disait : *En quoi suis-je différent du reste de mes sujets, sinon en ce que j'ai la force de la justice à*

7

ma disposition ? C'était une de ces vérités de sentiment qu'il retrouvait dans son ame, assez grande pour la publier. S'il eût réfléchi davantage, et qu'on eût eu le courage ou l'instruction nécessaire pour lui faire suivre et approfondir cette idée, il aurait compris *que cette force de la justice* ne résidait en lui, que parce qu'elle lui avait été confiée ou transmise; il aurait désiré qu'on l'apprît à ses enfans, pour les préserver des amorces trompeuses du pouvoir arbitraire.

Remontez à l'origine des choses, et vous verrez toutes les autorités dériver des principes que je viens d'exposer. Dans le gouvernement féodal, généralement introduit par les conquérans septentrionaux, qui fut si long-temps la législation commune à presque toute l'Europe, et dont les débris subsistent encore dans les deux tiers de notre hémisphère; dans le gouvernement féodal, la couronne n'était certainement regardée que comme un office militaire, et non comme une propriété: cette vérité est incontestable.

Aucun pays en Europe (1), quelqu'anar-

_____

(1) Je ne prétends pas étaler dans les notes déjà

chie qui s'y fût introduite, quelque despotiques et farouches conquérans qui y eussent
fait des invasions, n'était administré, dans
des temps d'ignorance et de barbarie, que
par un gouvernement légal et limité, parce
que l'Europe presqu'entière était couverte
des nations septentrionales, ou du moins
mélangées des restes de leurs nombreuses
irruptions, et que les législations septentrionales les plus anciennes, celles même dont
il ne nous reste que les traces les plus confu-
ses, paraissent avoir toujours été les plus
diamétralement opposées à l'autorité arbitraire. Il appartenait à des siècles plus civi-
lisés et plus instruits, mais marqués du
sceau du despotisme, sous lequel les hommes vils et rampans ont altéré, oublié ou
perdu les notions les plus simples et les plus
naturelles de la *liberté*; il appartenait, dis-
je, à ces siècles; d'admettre et défendre *le
principe monstrueux de l'obéissance passive
à la volonté d'un seul.*

---

nombreuses dans le cours de cet ouvrage, une érudition affectée; mais si c'était ici le lieu de cette discussion, j'établirais cette assertion par des preuves
incontestables.

Que conclure enfin de cette chaîne de théo-
rèmes évidens, *si ce n'est que le peuple* SALA-
RIE *le souverain ?*

Or, celui qui paye a droit de renvoyer
celui qui est payé, si le premier ne retire
pas les avantages qu'il espérait de la rétribu-
tion volontaire accordée au second ; bien
entendu que le *salarié* institué pour protéger les lois, et veiller sur leur exécution, doit
être, à son tour, protégé par elles ; car la licence et les factions (1) causent à la société
presqu'autant de maux que la tyrannie. *La
première et la plus inviolable de toutes les
conditions sous lesquelles les hommes goû-
tent les biens de la société, c'est de vivre
soumis à l'autorité du gouvernement qui les
leur assure,* dit le sage et vertueux Daguesseau (2).

Il suit surtout de tout ce qui a précédé,
que celui qui, créé pour défendre les propriétés, usurpe sans cesse sur elles, commet

---

(1) Mais la licence et les factions sont toujours la
suite de la corruption introduite et fomentée par le
despote.

(2) Mémoire sur la juridiction royale.

le forfait le plus dangereux pour les hommes, dont la confiance est trahie, et par conséquent le plus odieux et le plus punissable.

La nation finit toujours par être plus puissante que le tyran, lorsque le pouvoir arbitraire, parvenu à son dernier délire, a dissous tous les liens de l'opinion, et épuisé les ressources que la terre offre à ceux qui la cultivent en liberté. Ainsi, les hommes se vengent tôt ou tard : il valait donc mieux les servir et leur être utile, que les dépouiller et les vexer.

Voilà ce que les rois ne comprennent pas, parce qu'ils ont une manière de sentir et de penser différente des autres hommes; et cela doit être, vu leur éducation stupide (1)

----

(1) C'est surtout dans l'Asie, véritable patrie du despotisme, que l'on trouve des exemples de cette stupidité.

Le sophi Scha-Hussein fit plusieurs actes de dévotion, et beaucoup d'aumônes, pour avoir tué d'un coup de fusil un canard, auquel il ne voulait que faire peur. Le feu prit un jour à la grande salle de son palais ; il ne voulut jamais permettre qu'on l'éteignît, *de peur*, disait-il, *de s'opposer aux décrets de la Providence* : c'était sans doute aussi pour ne -

et presque féroce. La nation, qui devrait sans doute présider à cette éducation, parce qu'elle y est la plus intéressée, non-seulement ne dirige pas le choix des instituteurs de ses princes, mais encore les voit presque toujours tirés de la classe des courtisans, objet de son mépris, si ce n'est de son effroi. Quelle espérance doit-elle concevoir d'un élève confié à de telles mains ?

---

pas contrarier la forte concupiscence que l'Être-Suprême avait mise en lui, qu'il dépeuplait la Perse de ses plus belles femmes pour remplir son sérail. Le même sophi répondait à ceux qui lui disaient que les ennemis approchaient d'*Ispahan* : *c'est aux ministres d'y pourvoir, ils ont des armées sur pied pour cela ; pour moi, je serai content, pourvu qu'on me laisse mon palais de Farabath.*

C'est ainsi qu'un prince de nos jours croyait son trône en sureté, et son royaume parfaitement administré, quand il avait cent millions dans son cabinet, sous sa propre garde.

Si vous voulez savoir ce qu'est l'éducation des princes despotiques, lisez le *canon du sultan Soliman II, présenté à sultan Mourad IV, pour son instruction*, imprimé chez Thibaut, à Paris, 1725.

Platon et *Socrate* n'eussent peut-être été que sultans, s'ils eussent traîné, comme eux, leur vie dans la triste obscurité d'un sérail, où l'on ne rencontre que des esclaves, et d'où l'on ne retire qu'une fastueuse ignorance, l'affaissement de tous les organes, et la satiété de tous les plaisirs.

On convient assez communément du besoin d'apprentissage pour tous les métiers; celui de gouverner ses semblables est le seul pour lequel tout homme se croit des talens.

« Le plus âpre et difficile métier du mon- » de, à mon gré, dit Montaigne, c'est faire » dignement le roi. » Sans doute; mais il en est de ce métier comme de tant d'autres; il est fort aisé de le faire mal, et c'est ainsi qu'il arrive presque toujours.

Séleucus, au rapport de Plutarque, disait que *qui saurait le poids d'un sceptre, ne daignerait pas le ramasser quand il le trouverait à terre.* Un despote est moins difficile : il ne connaît qu'un *pouvoir*, et c'est le sien ; qu'un *droit*, et c'est le sien ; qu'un *intérêt*, et c'est le sien. Rien n'est si commode pour lui que la royauté. Sa balance n'a qu'un peson, où lui seul est compté. La révolution

peut le détromper ; mais il ne voit la catastrophe que lorsqu'elle arrive, lorsqu'il est
renversé. Que lui importe ? il n'a rien prévu ;
il a joui.

Dans le despotisme, les princes doivent
être, par les leçons qu'ils reçoivent, fort au-
dessous de l'humanité. Il faut cependant que
tous leur soient soumis : de quelle espèce doivent être les hommes dans ce gouvernement ?
M. de Montesquieu prétend que la botte
que Charles XII menaça le sénat de Stock-
holm de lui envoyer pour le gouverner, aurait aussi bien administré qu'un despote.
J'en suis persuadé ; je crois même qu'un
prince qui, succédant à quelques rois despotiques, aurait assez de tête et de cœur
pour connaître le vice de ce fléau terrible,
décoré du mot *gouvernement*, ne trouverait
parmi ses sujets que des automates pour
l'aider dans l'administration.

Quelle crise effrayante qu'un règne oppresseur, s'il avilit et dénature ainsi l'humanité ! Et les princes arbitraires veulent être
respectés ! C'est à leur approche qu'on peut
s'écrier avec *Eschyle* : « La majesté du trône
» a disparu ; ce respect, qui rendait invio-
» lable la personne de nos rois, tous ces

» sentimens se sont évanouis ; un morne
» effroi les remplace (1). »

Les rois qu'on n'occupe jamais que d'eux
et de leurs plaisirs, connaissent peu de rapports ; ils ont conséquemment peu d'idées.
Les historiens et les poètes sont pour eux
des corrupteurs dangereux ; car les princes
n'ont pas les connaissances nécessaires pour
se préserver et se méfier des insidieuses adulations et des lâches réticences dont tant
d'écrivains mercenaires infectent et souillent
leurs écrits. *Il prête à leur fureur des cou-
urs favorables* (2).

Quel esclave ose détromper son maître ?
On a dit depuis long-temps *que celui qui
commande à trente légions est le plus savant
homme de l'univers* (3).

Peu de citoyens ont le courage d'élever la
voix en faveur de la vérité ; nous trahissons

_____

(1) Coëphores.
(2) Athalie.
(3) Ce mot est de Favorin, fameux grammairien,
qui fit cette réponse apologétique à ses amis, qui lui
reprochaient d'avoir cédé à l'empereur Adrien, dans
une dispute où le despote avait tort.

7 *

presque tous la cause de la patrie, ou plutôt celle de l'homme, par une crainte servile, ou par une pusillanime complaisance.

La peine de l'examen, le ridicule attaché à la contrariété, d'autres motifs aussi frivoles sont autant d'obstacles qui s'opposent à l'accomplissement de nos devoirs.... et nous croyons être honnêtes ! ... et nous prétendons à la vertu ! Il n'est pas *du bon ton* de *disputer* ; il est bien plus conforme à *l'honnêteté* d'être bas et rampant, car c'est assurément la mode. Ainsi, les opinions les moins réfléchies, et souvent les plus nuisibles, sont facilement accréditées chez les hommes ; on n'ose point les détruire ; il n'est pas même permis de les combattre. On n'a point de sentimens, d'opinions propres à soi ; on a les sentimens, les opinions qu'exige l'intérêt qui nous détermine : cet intérêt est le désir de plaire à ceux dont les caprices du lendemain changeront encore nos principes, et qui nous dévoieront sans cesse de la vérité, premier objet de leur haine, parce qu'elle est le premier censeur de leur conduite. *Les grands*, dit Massillon, *font comme une profession publique de haïr la vérité, parce que d'ordinaire elle les rend eux-mêmes très-*

haïssables (1). Mais que ferions-nous de la vérité, dès qu'elle ne sert de rien auprès des grands? Entraînés par le torrent de la fortune et de la faveur, il ne nous reste bientôt que la vertu du caméléon. Ainsi les préjugés et les erreurs s'enracinent: ainsi nous gémissons oppressés par la tyrannie, et nous courons au devant d'elle par nos adulations, notre admiration même; ainsi nous oublions volontiers nos malheurs, et nous les pardonnons à ceux qui nous savent étonner par l'habileté de leurs manœuvres et l'audace de leurs forfaits. *Rien n'entraîne le culte des hommes comme l'illusion,* dit un auteur célèbre (2). En effet, nous sommes presque tous des enfans (3); l'éclat nous frappe toujours plus que tout le reste.

Démétrius de *Phalère* disait à Ptolomée que *l'histoire est le véritable précepteur des princes, parce qu'ils y trouvent d'utiles leçons, que ceux qui les approchent n'ose-*

---

(1) Panég. de St. Jean-Baptiste.

(2) L'ami des hommes.

(3) Un prêtre égyptien disait au législateur d'Athènes : *O Solon, Solon! vous autres grecs, vous êtes toujours enfans!*

raient pas leur faire. Mais il voulait parler, sans doute, de l'histoire écrite par des philosophes, au milieu d'une nation libre : l'on ne rencontrera pas de nos jours, et presque en aucun temps, un pareil exemple.

L'histoire est une longue, et monotone compilation des malheurs de l'homme, et trop souvent le panégyrique des malfaiteurs publics ; car on peut ordinairement appeler ainsi les *héros ;* et la plupart des hommes lisent ces recueils de faits comme des contes de *fées,* où les géans et les combats piquent, et réveillent la curiosité.

En un mot, il nous faut du bruit et de la terreur (1), et ce n'est pas le moyen le moins sûr d'en imposer aux hommes énervés par

_____

(1) Pétrone a dit : *primus in orbe Deos fecit timor.* Cela n'est pas vrai, car on ne craint point ce qu'on ignore ; mais il est vrai que les dieux n'ont jamais été adorés sans être craints, ou plutôt qu'on les a craints au moment où l'on a deviné leur existence. Ce sentiment est l'ouvrage des prêtres ; sans doute ; mais ils ont bien jugé les hommes qu'ils avaient à subjuguer, quand ils ont fait de la terreur la base de leur autorité.

les institutions politiques, que de les mépriser et de les braver.

On peut remarquer que le plus souvent,
dans l'histoire, la célébrité est en raison in-
verse de l'utilité : c'est ainsi que les hommes
jugent au premier coup-d'œil, et ils attendent rarement le second. Les extrémités se
rapprochent. Un homme très-sage, quoique
pourvu d'un grand génie, ne fait souvent
pas plus de bruit dans le monde qu'un stupide; on apprécie les princes et les ministres
par la difficulté apparente de ce qu'ils ont
fait; il suffit qu'une chose porte l'empreinte
de l'extraordinaire, pour être louée. Que la
nature, dans sa colère, nous donne un second
Richelieu, nous l'admirerons encore, pour
prix des nouvelles chaînes sous lesquelles il
finira de nous écraser.

Oh ! combien nous sommes imprudens !
combien l'expérience des autres est un trésor perdu pour nous ! Si l'ambition et les
succès des conquérans, si la puissance absolue des despotes, peuvent inspirer de belles
odes, l'oubli de ce qu'on doit aux hommes
a fait des bêtes féroces, des princes qui
eussent été estimables par leur valeur et leurs
talens militaires. Eh ! qu'est-ce que le génie

le plus beau et le plus vaste, s'il ne respecte
pas les droits de l'humanité? L'animal infortuné que déchire un féroce léopard, ad-
mire-t-il la bigarrure de sa peau et la variété
de ses ruses? Celui qui inventa la herse fut
plus précieux au monde, que celui qui rendait des sceptres à Porus.

Pourquoi vanter la gloire des conquérans?
Est-ce pour exciter leur émulation, ou pour
en augmenter le nombre? Les grandes conquêtes furent toujours, et dans tous les pays,
l'occasion et la cause, le germe et le prélude
des plus grandes révolutions: c'est prostituer
ses hommages, c'est un crime social, que d'ad-
mirer les instrumens des malheurs publics,
quelques talens qu'ils aient reçus de la nature.
Est-il donc si respectable ce titre si commun
et si révéré, d'avoir eu assez de mérite pour
détruire plusieurs milliers d'hommes? Ah!
je dirai avec un grand orateur : *Malheur au
siècle qui produit de ces hommes rares et
merveilleux!*

O mes compatriotes! soyons hommes;
rentrons au sein de nos foyers: les héros
sont si loin de nous! leur actions sont si
étrangères à nous! Eh! puissions-nous n'en
revoir jamais des héros! Ce sont les révolu-

tions, c'est l'agitation de la société qui les forment; et l'histoire d'une constitution paisible, d'un état bien organisé, n'offrirait pas un de ces grands noms qui pèsent sur la terre.

Renvoyons les *conteurs* éloquens de révolutions et de batailles à un sage des rives du Gange, dont il est bon de rapporter ici le système philosophique sur *la gloire et les héros.*

Les enfans de *Tamerlan* furent dépouillés de ses conquêtes bientôt après sa mort (1). *Babar*, son sixième descendant, avait été chassé de Samarcande par les tartares. Ce jeune prince se réfugia dans le Cabulistan, dont le gouverneur, *Ranguildas*, l'accueillit avec affection. Cet homme habile, intéressé par les malheurs du jeune prince, lui conseille la conquête de l'Indostan, dirige cette entreprise, et la fait réussir. Babar, conquérant et maître absolu, fut bientôt despote. Ranguildas faisait un jour sa prière

_____

(1) Cette anecdote est tirée de l'histoire politique et philosophique du commerce des Deux-Indes.

dans le temple, il entendit un Banian qui
s'écriait :

« O Dieu ! tu vois les malheurs de mes
» frères : nous sommes la proie d'un jeune
» homme qui nous regarde comme un bien
» qu'il peut dissiper et consumer à son gré.
» Parmi les nombreux enfans qui t'implorent
» dans ces vastes contrées, un seul les op-
» prime tous. Venge-nous du tyran ; venge-
» nous des traîtres qui l'ont porté sur le
» trône, sans examiner s'il était juste. »
Ranguildas s'approche du banian, et lui
dit : « O toi qui maudis ma vieillesse, écoute
» si je suis coupable : c'est ma conscience
» qui m'a trompé. Lorsque j'ai rendu l'hé-
» ritage au fils de mon souverain ; lorsque
» j'ai exposé ma fortune et ma vie pour éta-
» blir son pouvoir, Dieu m'est témoin
» que j'ai cru me conformer à ses sages dé-
» crets, et qu'au moment où j'ai entendu ta
» prière, je bénissais encore le ciel de m'avoir
» accordé dans mes derniers jours les deux
» plus grands biens, le *repos* et la *gloire*.
» La *gloire* ! dit le banian ; apprenez,
» Ranguildas, *qu'elle n'appartient qu'à la*
» *vertu, et non à des actions qui sont écla-*
» *tantes, sans être utiles aux hommes.* Eh !

» quel bien avez-vous fait à l'Indostan,
» quand vous avez couronné l'enfant d'un
» usurpateur? Aviez-vous examiné s'il ferait
» le bien, s'il aurait le courage et la volonté
» d'être juste, les lumières qui font discer-
» ner la vérité à travers les préjugés, les
» passions et les courtisans? Vous lui avez,
» dites-vous, rendu l'héritage de ses pères :
» *comme si les hommes pouvaient être légués*
» *et possédés à la façon des terres et des*
» *troupeaux !* Ne prétendez pas à la gloire,
» Ranguildas; ce serait vouloir que de
» faibles agneaux bénissent les mains avares
» qui les livrent à des bouchers impitoya-
» bles; que si vous voulez de la reconnais-
» sance, allez la chercher dans le cœur de
» Babar; il vous la doit : vous l'avez ache-
» tée assez cher par le bonheur de tout un
» peuple. »

Je ne sais si ce fait historique est vrai;
mais s'il ne l'est pas, celui qui l'inventa le
premier, a des droits sur la reconnaissance
de tous les hommes : les apologues les plus
célèbres de l'antiquité n'offrent pas une morale aussi belle, aussi utile; et c'est un courage vraiment noble, que celui de mettre en
action de pareilles maximes.

O princes ! le mot *charge* emporte avec lui l'idée d'un *devoir*, plutôt que d'un *honneur* : une grande *charge* est donc *un grand devoir*. Le sceptre est plutôt le titre de vos soins et de vos devoirs, que celui de votre autorité. Songez que vous n'êtes que des hommes. L'heure qui fuit d'un pas rapide pour vous comme pour tous les humains; les maux qui vous assiègent; les besoins qui vous enchaînent, comme le dernier de vos sujets, vous le rappellent à chaque instant.... J'en appelle à vous.... Serait-il donc vrai que l'homme est né pour être persécuté? Si la nature ne le destina pas aux vexations et à l'esclavage, quel être monstrueux qu'un intolérant, un tyran, un despote ! Nous ne faisons que passer ici-bas : un cœur honnête ne se persuadera jamais que notre personnalité soit l'unique objet de ce passage; et tant que la nature nous accorde de la durée, elle a sans doute une autre désignation (1). Faites donc du bien aux hommes, vous qu'ils

---

(1) « La fourmi glorifie la main qui l'a faite, mais
« ce n'est point par des *auto-da-fés* : c'est en se bâ-
« tissant des demeures, en remplissant ses magasins
« de récoltes ramassées de toutes parts avec un travail
« infatigable, en procréant des fourmis qui vont à

ont élevé dans cet objet ; et si vous êtes sensibles à la gloire, croyez que celle des vertus
pacifiques est la plus douce et la plus solide qui soit réservée aux souverains. L'humanité entière sait enfin quel respect les hommes doivent aux hommes ; et si nous choi-
sissions un maître aujourd'hui, ce ne serait
pas Alexandre ou César que la voix publique placerait sur le trône ; ce serait Aristide
ou Phocion : ce ne serait pas un héros
guerrier, qui n'est, le plus souvent, *que le*
fléau de la terre, la foudre qui écrase les
peuples, l'astre fatal aux nations (1); ce

» leur tour fonder de nouvelles colonies. O homme!
» qui que tu sois, ta patrie est ta fourmilière.
» Imite la fourmi : si tu y es de trop, va chercher un
» autre terrain où il y ait de la place pour toi et les
» tiens. Si tu y rencontres de tes semblables, ne
» les massacre pas ; ne les fais point servir à ta
» mollesse, à ton avidité, à ton ambition ; mais
» sois leur Triptolème, et ne leur amène pas des
» moines. » *(Fragment de l'allemand de M. Mul-*
ler.)

(1) Lucain appelle Alexandre :
Terrarum fatale malum, fulmenque quod omnes
Percuteret populos, pariterque et sidus iniquum
Gentibus.

serait un homme juste, éclairé et sensible.

Les princes ont de grands moyens d'être mauvais ; mais ils en ont aussi d'être bons, puisque l'histoire traite presque toujours de leurs semblables. Or, c'est pour la conduite que l'expérience est réellement la boussole de l'humanité ; et le bon sens doit tirer des faits les résultats et les principes que l'historien n'ose pas écrire.

Un établissement vraiment utile, et digne d'être admis dans un pays, libre où l'on trouve encore des hommes, serait un tribunal d'histoire (1), qui, dégageant chaque fait des illusions dont les historiens l'ont obscurci, montrerait le despotisme toujours oppresseur et détesté, toujours inquiet et menacé, foulant ses esclaves, dépouillant la terre qui les porte, luttant contre la nature, ses forces, ses richesses, ses ressources, et toujours son propre destructeur, après avoir tout ravagé.

C'est à cette école de vérité que les princes apprendraient « que la liberté apporte des » bénédictions en dépit de la nature (2),

_____

(1) La Chine nous donne seule ce bel exemple.
(2) Gordon, *Discours sur Salluste.*

» et qu'en dépit de la même nature la ty-
» rannie apporte des malédictions ; que
» l'esclavage a toujours produit de la lâche-
» té, des vices et de la misère (1), » et qu'il
n'est pas une seule époque de la décadence
d'un état, qui ne se rapporte à l'altération
intérieure de sa liberté. En effet, le gouvernement a tant d'influence sur les opinions
et les préjugés ; et ceux-ci donnent inévita-
blement aux hommes, à tout un siècle même,
une si puissante impulsion, que les efforts du
despotisme, et l'abrutissement inséparable

---

(1) C'est dans un état despotique qu'on peut
dire avec le prophète, que les cultivateurs arro-
sent de larmes la semence qu'ils répandent à regret.
Euntes ibant et flebant mittentes semina sua. (Ps.
125.)

C'est dans un état libre , c'est sous la protection
d'une autorité tutélaire , éclairée, que chacun habite
sans crainte sous son figuier et sa vigne ; c'est alors
que chacun recueille et se nourrit des fruits de son
champ, sans craindre les spoliations d'un avide ra-
visseur, dont il faut, sous peine de la vie, respecter
les brigandages. *Habitabat unusquisque , absque
timore ullo, sub vite suâ , et sub ficu suâ, et come-
debat de ficu suâ, et bibebat de cisternis suis.*
(Ibid.)

de la servitude, doivent bouleverser ainsi la société.

Mais où trouver des philosophes capables de reprendre les grands, et de défendre les hommes? Le courage qui fait braver le danger des armes est le plus commun de tous, et cependant le plus estimé; le courage de principes, de conduite et de mœurs, est bien autrement rare et précieux. Nous *n'osons* pas penser autrement que tous les autres, quand il y a du danger à lutter contre l'opinion générale; nous *ne savons pas même* penser autrement que tous les autres, quand les institutions sociales nous ont imbus des préjugés, que les ambitieux et les maîtres nourrissent avec soin. L'esprit imitateur (1), adroitement fomenté par eux, devient l'esprit universel. Or, l'esprit imitateur est, en tout genre, l'ivraie du génie; il étouffe également les lumières et les principes. Les ames s'éner-

---

(1) J'entends ici le mot *imitateur* dans son acception la plus ordinaire; car si l'on discutait son acception rigoureuse, il est certain qu'il est impossible d'avoir une idée, ni d'imaginer une forme qui n'imite rien.

vent, les têtes s'affaiblissent, les devoirs se dénaturent; tout suit l'impulsion du despote et le torrent de la servitude. *Un faux honneur nous séduit, une fausse infamie* (2) *nous effraye.* Le respect humain nous fait enfreindre les devoirs les plus sacrés. *L'obéissance passive* devient à la mode, comme l'amour de la liberté était la vertu plus commune dans des temps plus heureux, et sous des gouvernemens moins arbitraires.

Il est même bien difficile que la liberté, une fois altérée, rétrograde, et que le despotisme s'arrête dans ses progrès avant la révolution qui reproduit des hommes, qui met chacun à sa place, qui venge les nations et l'humanité; car le gouvernement et les circonstances forment et développent les citoyens moins qu'ils ne les dénaturent.

Un homme serait banni, exilé, chassé d'une république; il serait toléré dans une monarchie; il y aurait peut-être même quelque emploi; il gouvernerait dans le despotisme : ce serait le même homme; il ne différerait en rien de lui-même : il n'y a de différence que

---

(1)*Falsus honor juvat, et mendax infamia terret*

(Horat., l. 1., epist. 16.)

dans l'arrangement que ces divers gouvernemens donnent à chaque individu.

Renversons cette gradation : ce même
homme, tourmenté, mis à mort dans le despotisme, subsisterait dans un état médiocre-
ment administré ; dans la république, il
serait un dictateur romain. Cette proposition est la même que la précédente.

Nous avons, en général, bien plus de sou-
plesse et d'élasticité que de consistance et
d'énergie ; les hommes supérieurs décèlent
eux-mêmes ce penchant à l'imitation, commun à l'humanité ; et le génie le plus
grand, si ce n'est le plus sage, est celui qui
s'élève le plus au-dessus de son siècle ; mais
il est toujours *rapetissé*, si l'on peut s'exprimer ainsi, par l'influence des erreurs
générales qu'il trouve accréditées. Charlemagne, dont on a dit avec tant de justesse et
d'énergie, qu'il *était grand parmi les hommes, et qu'il éleva son siècle, en le mettant
à ses pieds* (1) ; Charlemagne, était profondément occupé de la discussion des hé-
résies les plus futiles, et presque enchaîné

_____

(1) Lettres sur la dépravation de l'ordre légal.

par toutes les superstitions de son temps (1).

L'homme, ballotté et conduit au gré de ses passions, est dépendant en raison de leur mobilité; il obéit au moment où il croit commander: il s'enchaîne pour se satisfaire; et le despote, asservi lui-même à tant de choses dont il est forcé de subir la loi, est peut-être plus esclave que le moins libre de ses sujets. *L'or de ses chaînes*, dit Gordon, *fait la seule différence entr'eux et lui*. Il ne parvient à être maître qu'en déguisant ses premiers efforts, et gagnant des complices, qui font bientôt, des succès de son despotisme, leur propre succès. Alors

---

(1) J'en citerai une preuve singulière que je choisis entre un grand nombre d'anecdotes de ce genre, qu'il serait aisé de rapporter.

Il y eut un procès entre l'évêque de Paris et l'abbé de St.-Denis, plaidé devant Charlemagne. Celui-ci renvoya ce procès au jugement de la croix.

Deux champions se tinrent, pendant la célébration de la messe, les bras étendus en croix: celui de l'abbé de St.-Denis fut plus robuste; celui de l'évêque de Paris laissa tomber ses bras: Charlemagne adjugea gain de cause à l'abbé de St.-Denis. (*Mabillon*, *de Re dipl.*, *l.* 9, *p.* 4 *et* 5.)

8

tout concourt à la corruption ; et c'est malheureusement là le serment le plus facilement excité parmi les hommes. *Comme les
corps croissent avec lenteur, et sont détruits
en un instant, de même il est plus aisé d'é-
touffer la lumière et le courage , que de les
rappeler* (1) ; dit un grand philosophe pra-
tique.

Il est facile, par exemple, d'amollir les
hommes , et de les corrompre par le *luxe* et
toutes ses séductions ; mais il est impossible
de leur rendre le courage une fois qu'il est
détruit. De tous les moyens que peut employer un despote pour parvenir à son but ,
la faveur accordée *au luxe* est sans doute le
plus efficace ; car la violence n'a qu'un succès
incertain et passager, et le feu périt avec
tout ce qu'il a consumé. La violence dé-
trompe une nation, la réveille , et hâte sa
révolution ; mais il n'est point d'homme
qui ne préfère des jouissances commodes et
recherchées, à une vie dure et agreste. Je

_____

(1) *Corpora lentè augescunt, citò extinguuntur ;
sic ingenia studiaque oppresseris facilius quàm re-
vocaveris.* (Tacit. , Vit. Agricol.)

...ais qu'on ne peut pas rigoureusement appeler *luxe* toutes les *jouissances recherchées* ; je n'ignore pas que le luxe renferme toutes les dépenses nuisibles à la reproduction, fussent-elles grossières ; tandis que des jouissances très-délicates peuvent n'être que de faste, si elles ne sont pas nuisibles à cette reproduction ; mais je prétends qu'elles le sont toujours aux mœurs, qui ne se corrompent jamais à demi. Telle est notre nature : la modération est pour nous une gêne ; nul ne sait s'arrêter. Le tyran guette l'instant d'ivresse générale qui doit fasciner tous les yeux. Les chaînes embellies ne sont plus des chaînes. Peu d'hommes voient d'assez loin, pour craindre les suites de la mollesse ; moins encore sont assez modérés, pour que la crainte de l'avenir contre-balance en eux l'appât du moment ; la cupidité exerce son empire, parce que le besoin des jouissances aiguillonne tous les cœurs ; la mollesse énerve au physique et au moral ; on devient peu délicat sur les moyens ; on foule aux pieds les principes ; et le désir de séduire des prosélytes est le dernier degré de la corruption, et l'un de ses périodes les plus certains.

Ainsi, la contagion gagne de proche en

proche; l'épidémie devient bientôt générale; la disette de toutes les vertus se fait sentir, et dès qu'un gouvernement a introduit le *luxe*, et la mollesse qui le suit toujours (1), la liberté et l'état sont perdus, parce que les hommes ne rétrogradent jamais de la mollesse aux vertus mâles, seuls soutiens des états et défenseurs de la liberté.

Tous les faits historiques viennent à l'appui de ce principe.

C'est le mot d'un homme de génie que celui de M. Bossuet. « La Perse, attaquée par » Alexandre et par une armée telle que la » sienne, ne pouvait pas éviter de changer » de maître. »

En effet, l'on n'a guère considéré dans la conquête d'Alexandre, qu'un événement extraordinaire, et capable d'attirer l'admiration et l'étonnement de tous les hommes; et l'on ne s'est point avisé de rabattre ce

_____

(1) *L'or est*, dit-on, *un mauvais maître et un bon valet.* Ce proverbe est vrai, non-seulement pour un avare, mais encore pour un état, de quelque espèce qu'il soit : dès que l'or y donne des préférences, les mœurs se perdent, et enfin l'état.

grand événement à sa juste valeur, c'est-à-
dire, de remonter à ses véritables causes,
et de juger cette révolution d'après les connaissances qui nous restent de l'administration de la Perse, plutôt que d'après l'étendue des terres conquises.

Sans entrer dans des discussions longues,
épineuses et incertaines, après lesquelles
chacun reste dans son opinion (1), ne déci-
dons que d'après les événemens les mieux
constatés.

Je ne m'arrêterai point aux fameuses batailles de *Marathon*, de *Salamine* et de
Platée, origine de cette haine implacable
qui anima pendant plus d'un siècle les perses
contre les grecs; je ne décrirai pas ces succès presque incroyables, et leurs suites éton-
nantes. Mais rappelons-nous qu'*Agésilaüs*,
à la tête des forces de la seule république de
Lacédémone, fit trembler *Artaxerce* sur
son trône; il était déjà maître de l'Asie-Mi-

––––––––––––––––––––––––

(1) « Un homme, dit Montaigne, défend ses lu-
« mières, ou comme vraies, ou comme siennes; et
« de quelque façon que ce soit, il forme cent oppo-
« sitions contre celui qui le veut vaincre. »

8 *

neure quand la jalousie des voisins de *Sparte*,
fomentée par l'or du despote asiatique, le
força à voler au secours de Lacédémone
assaillie.

Les rois de Perse auraient plutôt tari les
fontaines de la Grèce par le nombre de leurs
soldats, qu'ils n'auraient soumis une poignée
de grecs libres. La Perse ne fut garantie,
pendant 150 ans, des invasions de ses ennemis, qu'en achetant sans cesse la tranquillité
et semant la zizanie dans ces petits républiques envieuses.

Mais Alexandre succédait à Philippe,
qui avait employé tout son règne à se rendre
maître de la Grèce : cet heureux conquérant n'avait donc plus à craindre les ligues
et les événemens offensifs, qui l'eussent contraint de rétrograder. La Grèce, abattue, n'é-
tait plus capable d'en concevoir le projet, elle
l'était bien moins encore de l'exécuter ;
puisque *Antipater*, politique et général habile, était chargé de veiller sur les grecs, et
de les contenir. Il était physiquement impossible que ce vaste empire, couvert d'esclaves amollis, résistât à 40,000 hommes aguerris, conduits avec ensemble par un homme
de génie. Peut-être le serait-il à l'empire ot-

toman, malgré la différence incalculable que
la poudre a introduite dans la guerre moderne.

Une pareille révolution n'est pas plus incroyable qu'elle n'est unique. Les mêmes
effets eurent toujours et auront tôt ou tard
les mêmes causes ; le despotisme a été facilement terrassé dans tous les temps et tous les
pays.

Dix mille grecs qui avaient suivi Cyrus
jusqu'à Babylone, en butte à la faim, aux ri-
gueurs de la saison, arrêtés par des fleuves,
suivis par une armée nombreuse, souvent
harcelés par des hordes de barbares, traver-
sèrent ainsi l'Asie-Mineure, firent six cents
lieues, et vinrent, du fond de la Perse (1),
au Pont-Euxin, sans qu'aucun des esclaves
de ce vaste empire osât les attaquer.

Les ambassadeurs d'Athènes osaient dire
aux grecs assemblés : « C'est de tout temps
» que les plus forts sont les maîtres : nous ne
» sommes pas les auteurs de ce réglement ;
» il est fondé dans la nature. » La guerre
du Péloponèse et ses suites leur apprirent

---

(1) En cent vingt-deux camps.

que les succès de la tyrannie ne sont que pas-
sagers, et que la courageuse liberté peut hu-
milier et terrasser le despotisme, et ses richesses, et ses ressources. Sparte, la rustique
et sévère Sparte, sut vaincre Athènes et ses
trésors.

Les romains combattirent quatre cents ans
pour subjuguer la libre Italie. Si tout l'univers leur eût opposé la même résistance, ils
seraient devenus modérés, ou auraient été
détruits.

Les vandales, au nombre de trente
mille (1), ravagèrent et conquirent en moins
de deux ans l'Afrique entière, dès long-
temps énervée par le joug romain.

Les espagnols, le seul peuple méridional,
si l'on excepte cependant les corses, qui ait
su défendre sa liberté; les espagnols,
dis-je, qui luttèrent si opiniâtrément contre
les conquérans du monde, furent tellement
dénaturés par la servitude, que les vandales achevèrent la conquête de l'Espagne en

_____

(1) Ils n'étaient pas même 30,000 en 428.

moins de deux ans (1), et divisèrent par la voie du sort ce malheureux pays.

Quarante mille (2) portugais ne firent-ils pas trembler à la fois l'empire de Maroc, les barbares d'Afrique, la célèbre milice des mamelucks, les arabes, tout l'Orient enfin, depuis l'île d'Ormuz jusqu'à la Chine ?

Guillaume-le-Conquérant, avec moins de soixante mille hommes, ose affronter toutes les forces de l'Angleterre, et envahit, après une seule bataille, ce vaste pays énervé par le joug danois (3). Et qu'on ne dise pas que ce prince attaquait un état dénué de forces et de ressources ! L'Angleterre, délivrée depuis cinquante ans de la guerre et des incursions danoises, fleurissait sous l'administration de *Harold*, prince chéri de la nation, remarquable par ses talens et son activité,

---

(1) Ils y entrèrent en 409 ; en 411, ils étaient maîtres du pays.

(2) Les portugais avaient alors tout le nerf de la chevalerie, et surtout ils jouissaient du bonheur d'avoir des rois véritablement chefs et premiers gentilshommes de la nation.

(3) 1066.

et qui avait eu le temps, sous le long règne
du faible Édouard, d'affermir son crédit et
sa puissance déjà très-considérables. Mais le
coup était porté ; les armes danoises, et
surtout l'anarchie féodale, qui n'est autre
chose que le despotisme réparti sur plusieurs têtes, avaient porté une atteinte mor-
telle aux forces nationales.

Scanderberg, plus puissant par son génie
et le désir irrésistible de recouvrer la liberté,
que par sa force prodigieuse, sa bravoure et
ses droits au trône, fait trembler le puissant
Amurat et son fils (1), et repousse sans cesse,
avec une poignée de *danois*, toutes les forces ottomanes, qui viennent échouer devant
la capitale (2) de l'*Albanie*.

Quelques réfugiés (3), fuyant, pour ainsi
dire, au sein des eaux, la tyrannie des espagnols, résistent à cette nation, alors là
plus guerrière de l'univers, l'humilient sur
terre et sur mer, et fondent un état puissant, long-temps le plus florissant de l'Eu-

(1) Mahomet II , 15ᵉ siècle.
(2) Croïa.
(3) Les hollandais.

rope, et qui, resserrés par des puissances
trop fortes et trop politiques, pour laisser
ograndir son territoire, a opéré des mira-
cles sur l'Océan, plus étonnans que ceux des
romains sur la terre.

Si *Montézuma* n'eût pas été un tyran, les
mexicains auraient noyé le petit nombre de
brigands qui, dans le 16e. siècle, vinrent
les égorger sous la conduite du *célèbre bri-
gand* nommé *Cortès.* Jamais celui-ci n'eût
pénétré à Mexico, parce qu'il n'aurait pas
trouvé des pays déserts ou des peuples mé-
contens ; les mexicains auraient eu plus
d'ensemble, et auraient été mieux conduits
par tant de caciques, qui n'auraient pas
grossi de leur défection le parti de Cortès.

Charles XII a renversé de nos jours, à
la tête de huit mille suédois, cent vingt
mille esclaves russes, qui font trembler aujourd'hui d'autres esclaves.

Mirweis fit capituler avec une petite armée, dans Ispahan, toutes les troupes de la
Perse rassemblées sous les yeux du despote.

En un mot, si les fastes du monde nous
montrent le despotisme luttant sans cesse
contre la liberté, ils nous offrent aussi la
liberté renaissante de ses ruines, terrassant

le despotisme, fût-il défendu par une multitude d'esclaves soudoyés.

Le véritable triomphe d'Alexandre n'est donc pas d'avoir renversé un empire que sa constitution attaquait de concert avec lui.

Il ne l'est pas davantage d'avoir osé ce que d'autres hommes n'avaient pas même imaginé possible; reproche insensé, que tant d'écrivains ont répété contre lui : car c'est là précisément le propre du génie ; et d'ailleurs *Isocrate*, long-temps avant l'expédition d'Alexandre, avait conseillé la conquête de l'Asie, et prouvé sa possibilité.

Mais celui qui réunit, à vingt-quatre ans, le commerce du monde dans Alexandrie(1); celui qui força l'univers étonné à suivre l'impulsion de son génie; celui qui trouva le point de communication, et, pour ainsi dire, de jonction à l'Europe, l'Afrique et l'Asie, c'est-à-dire, au monde alors connu ; celui-là, dis-je, était un grand-homme, quand il n'aurait pas été le général le plus habile et le meilleur politique de son temps, comme

---

(1) Je remarquerai, à cette occasion, que Moréry, ni Bayle lui-même, n'ont pas daigné citer, à l'article d'*Alexandre*, la fondation d'Alexandrie.

l'a très-bien vu M. de Montesquieu, qui dit
en habile observateur : *on a assez parlé de la
valeur de ce héros, parlons de sa prudence.*
Alexandre savait que le despotisme n'est
qu'un colosse effrayant de loin (1), soutenu
sur une base d'argile, et d'autant plus faible
qu'il est plus arbitraire, c'est-à-dire, plus
oppresseur et plus insensé. Cette vérité frappante, dont l'habile et prévoyant Auguste
était pénétré lorsqu'il conseillait aux romains de *resserrer les bornes de l'empire* (2);

---

(1) M. de Saint-Évremont, homme instruit et
souvent observateur ingénieux, s'est permis d'écrire
cette étrange bévue : « L'expédition d'Alexandre est
« quelque chose de plus que si aujourd'hui la ré-
« publique de Gênes, celle de Lucques et de Raguse
« entreprenaient la conquête de la France. » M. de
Saint-Évremont n'a pas voulu copier servilement
beaucoup d'écrivains, qui n'ont vu dans Alexandre
qu'un téméraire. Son parallèle lui a paru neuf et
singulier ; il l'est en effet.

(2) *Addideratque consilium coercendi intra ter-
minos imperii; incertum metu, an per invidiam*
(Annal., lib. 1), dit Tacite, en parlant du journal
de l'Empire, écrit de la main d'Auguste. Il dit encore dans la vie d'Agricola : *Consilium id divus Au-
gustus vocabat, Tiberius præceptum.*

9

cette vérité, dis-je, inspira au héros macédonien le projet de la plus grande révolution que l'histoire nous ait tranmise.

Il connut assez bien le despotisme pour oser l'abattre. Tout et tous y concoururent, comme il l'avait prévu; car il ne faut pas oublier que le mécontentement des perses, autant que leur mollesse, les rendit faciles à vaincre, et que ce sont eux qui ont tué Darius. Alexandre fut assez grand et assez habile pour dédaigner le despotisme également avant et après la conquête; il avait reçu des mains de son père une armée exercée et aguerrie, et de celles de la nature un génie trop militaire, pour ne pas savoir que son premier essor et son véritable chef-d'œuvre consistent à former une armée, et qu'un homme de guerre peut tout espérer de troupes bien disciplinées (1), contre les *Strelitz*, mercenaires des despotes.

---

(1) Quels prodiges n'ont pas exécutés le grand Gustave, le célèbre Charles XII, envers lequel on est injuste, et leurs fameux généraux, avec des troupes qu'ils avaient couvertes du bouclier terrible de la discipline et de la confiance? Que n'avons-nous

C'est dans les suites, et non pas dans les détails des conquétes, qu'il faut juger le vainqueur.

Donnez une armée à un homme de génie ; qu'il rencontre une administration tyranni- que ou les désordres de l'anarchie, qui pré- parent la révolution qu'il ose projeter, bientôt il sera conquérant, et ses opérations militaires ne seront pas la cause principale de ses succés. Il renversera l'état attaqué par sa propre constitution ; il mettra dans les fers ceux qui étaient déjà esclaves ; il fournira enfin une nouvelle preuve de cet axiôme éternel, que le despotisme détruit toute prospérité, toute force, et ne laisse sur la terre, qu'il ravage, que des ruines sous lesquelles il est lui-même bientôt en- seveli.

César, bien plus étonnant qu'Alexandre par sa science militaire ; comme par tous les talens qui semblent le mettre hors du ni-

_____

pas vu faire de nos jours au roi de Prusse, avec une armée, sinon aguerrie, puisqu'elle n'avait jamais fait la guerre, du moins créée et maintenue par les lois de la discipline ?

veau des autres hommes (1), forme des
troupes ; il sent tout ce qu'il peut espérer de
la crise de corruption et d'anarchie où sa
patrie se trouve plongée. A peine a-t-il ac-
coutumé ses légions à son génie, qu'il
dompte des essaims de barbares furieux,
aguerris, qu'il ne pouvait ni diviser ni
gagner, qu'il fallait combattre, et que
leur climat, leur pays difficile, leur méthode de guerre subite, impétueuse, inusi-
tée, favorisaient à l'envi (expédition, si
j'ose hasarder ici mon opinion, bien plus
admirable que la conquête d'un empire,
qui s'étendait cependant depuis la Méditer-
ranée jusqu'aux Indes); enfin, pour dire encore plus, s'il est possible, César terrasse
presque sans difficulté Pompée et les romains, et se place sur le siége de la dicta-
ture, d'où il aurait peut-être adouci l'esclavage de ses compatriotes, si la main d'un

_____

(1) *Summus autorum* , dit Tacite, qui devait s'y
connaître, en citant César sur un sujet qu'ils avaient
traité tous deux. (*De Moribus Germanorum.*)
   On sait quelle éloquence il avait reçue de la nature,
et qu'il pouvait être le rival heureux de Cicéron,
comme il fut celui de Pompée.

républicain ne l'eût arrêté au milieu de sa-
carrière.

Il est inutile de rappeler les preuves nombreuses que nous offrirait l'histoire, de la
faiblesse du despotisme.

On ne peut, sans un délire inconcevable,
ou une mauvaise foi bien odieuse, croire au
sabre invincible des despotes. Celui qui entend au sens naturel ce célèbre mot, *Dieu
est pour les gros bataillons*, est un *sot* ou
un *lâche* (1).

———————————

(1) Ce mot est de Turenne, qui n'était certainement ni l'un ni l'autre, et qui n'a jamais voulu commander une armée nombreuse. Aussi la *sottise*
est-elle à ceux qui entendent ce mot *des armées*,
tandis que Turenne ne l'entendait que *du choc des
bataillons en colonne*, où la force dépend de la profondeur de la colonne. Le bataillon le plus épais et le
mieux ordonné dans sa profondeur, fût-il composé
de moins bons soldats, culbutera toujours le moins
épais, fût-il composé de troupes supérieures ; ca
l'Auteur de la nature a voulu que six ou huit, c
dix ou douze hommes poussassent plus fort que tr
ou quatre.

On trouvera dans Boursault le mot qui a o
sionné cette note, attribué au maréchal de la Fe
mais il est de M. de Turenne.

Ce principe absurde n'est-il pas démenti par l'histoire de tous les temps et de tous les pays? Les perses ont-ils englouti la Grèce? Ce million de croisés (1) qui se précipita sur l'Orient, ne s'est-il pas anéanti de lui-même? Cet essaim de fanatiques a-t-il laissé d'autres traces de son passage, que le souvenir de sa destruction?

La Sicile, la Grèce et l'Egypte sont les preuves éternelles et incontestables de cette importante vérité, que le despotisme est le plus faible et le plus destructeur de tous les pouvoirs. Les pays les plus féconds de l'univers sont devenus, sous la verge de la tyrannie, les plus misérables.

« La Suisse, cette excroissance de l'Eu-
» rope, où la nature semble avoir jeté ses
» humeurs froides et stagnantes, remplie de
» lacs, de marais et de bois, est environnée
» de rochers énormes et de montagnes éter-
» nelles de glace, remparts sacrés de sa li-
» berté. Elle jouit de tous les biens, quoi-

----

(1) La première bande, et, pour ainsi dire, l'avant-garde, était de 300,000 hommes; et, dans la revue faite sur les rives du Bosphore, le corps de bataille se trouva de 700,000 combattans.

» que tous les biens semblent lui avoir été
» refusés. La Sicile, au contraire, favori-
» sée de tous les dons de la nature, gémit
» dans la pauvreté la plus abjecte, et ses ha-
» bitans, hâves et défaits, meurent de faim
» au milieu de l'abondance. C'est la liberté
» seule qui opère ce prodige. Les montagnes
» s'abaissent et les lacs se dessèchent sous
» ses mains; et ces rochers, ces marais et ces
» bois deviennent autant de sources de ri-
» chesses et de plaisirs. Le contentement et
» la simplicité, depuis long-temps exilés de
» la plupart des royaumes de la terre, sem-
» blent s'être refugiés chez les suisses (1). »

Trois vastes empires nous offrent encore
l'administration arbitraire réduite en principes, ou plutôt non déguisée : la Turquie,
la Perse et le Mogol.

La Turquie, dont l'immense territoire effraye l'œil égaré sur trois parties du globe; la Turquie, à qui la nature a prodigué
le sol le plus précieux et le climat le plus fortuné; la Turquie se dissout en lambeaux et

---

(1) M. Brydone, *Voyages de Malte et de Sicile.*

croule sous son propre poids, sans autre se-
cousse violente que celle d'une administration arbitraire et spoliatrice. Son prince
fastueux, qui se fait nommer *Dieu en terre*,
ne l'est pas même au fond de son sérail ; *et
l'invisible distributeur des couronnes* verra
bientôt, en effet, ses vastes déserts démem-
brés et envahis.

La Perse, destinée par la nature à être
aussi riche et aussi féconde qu'aucune autre
contrée de l'univers, couverte d'une infinité de richesses et d'un peuple industrieux
et doux, succombe sous le faix de son despotisme, et est en proie à toutes les convulsions des troubles intérieurs qui l'agitent.

Le Mogol enfin, dont le territoire est aussi
fertile qu'étendu ; le Mogol, qui entasse des
millions (1), et couvre ses vastes possessions
d'une tourbe innombrable d'esclaves, est

---

(1) On dit que le sophi a 900 millions de revenu.
(*État civil, politique et commerçant du Bengale.*)
M. Botts ne s'éloigne pas de ce calcul, quand il lui as-
signe trente-sept millions sept cent vingt-quatre
mille six cent quinze livres sterling ; ce qui ferait
818,803,837 livres de France.

envahi et presque détruit par une poignée
de républicains.

Le prétendu maître de ce pays, qui prend
le titre d'*invisible roi du monde*, est le jouet
des intrigues et de la tyrannie d'une compagnie de marchands qui, à la tête de dix
mille anglais (1) asservit l'Indostan, c'est-
à-dire, le plus beau pays de l'univers, et
fait ramper quinze millions d'esclaves.

Tels furent et tels seront toujours les effets
des hostilités d'une autorité ignorante et
aveugle, qui ne connaît de bornes qu'une volonté arbitraire et fantasque, qu'une avidité
insatiable et cruelle, et qui se détruit sans
parvenir à s'assouvir. Tous les despotes ont
été trompés par les mêmes illusions, et ont
opprimé les hommes par les mêmes moyens.

C'est là cependant le régime dévorant et
meurtrier que des princes appelés à gouverner un peuple puissant, fidèle et généreux,
tant qu'il fut libre, ou du moins tant qu'on
respecta les vestiges de son antique liberté ;
c'est là le régime que ces princes ont réduit

---

(1) La compagnie anglaise a aussi à ses ordres cinquante mille cipayes , misérable troupe.

en système, dans un siècle où la philosophie
s'appliquant enfin à l'interprétation des lois
de la nature, et portant son flambeau sur
les faits historiques qui constatent les ravages d'une administration arbitraire et
oppressive, apprend aux hommes que
leurs *droits* passent auparavant les *sermens*
prononcés en faveur de la conservation de
ces droits, et démontre aux princes que la
tyrannie ne saurait produire au tyran que
des fruits amers, et détruit tôt ou tard toute
puissance et toute sureté.

Il fut de nos jours un roi qui trouva son
autorité très-ébranlée en apparence, car la
moitié de ses peuples avait les armes à la
main contre ses ministres; mais elle était
très-solide, car elle était gravée dans le cœur
de ses sujets. Il oublia les services des grands,
pour se souvenir des injures qu'ils avaient
faites à son ministre, et les regarda comme
personnelles; il énerva toute autorité dont
il n'était pas le collateur immédiat, parce
qu'il ne voyait de bonne foi rien au-dessus
de son autorité. Il sembla vouloir imiter
les sculpteurs, qui d'un bloc de marbre ou
d'un figuier font un *Jupiter*. Il crut qu'avec
sa *pleine puissance*, son *autorité royale et*

son bon plaisir, il ferait d'un homme de robe un ministre de la guerre, d'un édit une source de richesses, etc. Il réunit tout le nerf encore existant de la nation, et le fit servir à sa gloire et à celle de sa maison, qu'il détacha toujours, faute de lumières, de la gloire et des véritables intérêts de son état. Il vécut assez pour éprouver qu'il ne pourrait jamais suffire par son autorité à tout ce que faisaient les grands, quand ils étaient répandus dans le royaume, et que l'autorité arbitraire affaiblissait ou détruisait tous les ressorts, et n'en remplaçait aucun.

La vertu militaire, par exemple, fut détruite en France sous son règne (1), auquel elle donna tant d'éclat. En vain objecterait-on les victoires de nos armes sous ce prince. Au déclin de son âge, ses armées furent battues presque partout; et d'ailleurs il est aisé

_____

(1) « Qui nous pourrait joindre à cette heure, et » acharner à une entreprise commune tout notre » peuple, nous ferions refleurir notre ancien nom » militaire. » (Montaigne.) C'est le contemporain de Henri IV qui parle ainsi : qu'est donc notre nom militaire aujourd'hui, si nous étions déjà déchus?

d'apercevoir que, dans un grand état, les causes morales ne font sentir leurs effets qu'au bout d'un certain temps. La vertu militaire est la vertu d'un particulier, qui s'applique ensuite à tous les métiers auxquels on veut l'employer. Quand les mœurs d'un état changent, toutes les parties qui le composent changent aussi. Il est vrai que les barrières diffèrent de quelque temps l'épidémie (2); mais les combats contre l'opinion générale sont désavantageux; et l'on finit toujours par céder.

La vertu qui n'est pas fondée en principes, n'est qu'un mot vague; et ses *gestes*, si j'ose m'exprimer ainsi, ne sont qu'une *attitude d'imitation*. C'est la vertu de presque tous

---

(1) La vertu d'*Épiménide*, après son sommeil de trente ans, eût paru bien bizarre, si son barbier et son tailleur ne l'eussent rendu vertueux à la mode du jour. Nous sommes obligés, pour notre bien, et presque pour notre honneur, de vivre relativement à ce que nous trouvons d'établi. Un officier qui eût mis son habit uniforme un jour de bataille, eût été déshonoré il y a quarante ans; un officier qui ne le mettrait pas aujourd'hui, serait regardé comme un fou, indépendamment de l'ordonnance.

les hommes et de tous les siècles, et ce fut celle qui valut au règne du magnanime Louis ce ton de grandeur dont il avait donné l'impulsion et l'exemple, et qui nous a si long-temps abusé; mais cette grandeur factice, que des *faiseurs de vers* ont rendue si célèbre, était fondée sur des moyens violens et démesurés : elle devait tout briser, et c'est ce qui arriva.

Le monarque, aussi romanesque qu'absolu, et qu'à si juste titre on a comparé au lion de la fable, défaillant et assailli (1), Louis XIV, trompé par une femme hypocrite, haineuse, et par des cafards, se vit au moment de succomber sous les coups des ennemis qu'il avait bravés si long-temps; il était perdu, sans les efforts généreux de son peuple, et quelques tracasseries frivoles des cours ennemies.

Nul n'osait le détromper. Trahi par tous ceux qui l'entouraient de plus près, il prépara à son état ruiné par ses profusions insensées, et par les rapines de la fiscalité protégée et perfectionnée par ce Colbert si

_____

(1) Théorie de l'impôt.

long-temps encensé; il prépara, dis-je, à
son état épuisé d'hommes par sa fureur con-
quérante et son opiniâtre intolérance, une
révolution que l'épuisement de ses sujets, et
peut-être aussi la lâcheté à laquelle il les ac-
coutuma, empêcha d'être sanglante, et rejeta tout entière sur l'or qu'il avait fait
prévaloir. Son testament fut méprisé par
ses sujets, qui crurent être heureux, pourvu
qu'ils évitassent d'obéir au despote mort. Il
ne se trouva parmi les prêtres et les dévots à
qui sa maîtresse avait confié l'autorité,
aucun homme qui osât se montrer ferme et
reconnaissant. On laissa le despotisme entre
les mains de l'homme qui avait le cœur gâté
et l'esprit le plus faux (1), quoique le plus

---

(1) Qui croirait jamais, si le fait n'était pas cons-
taté, que la banque de Law fut portée à six milliards
cent trente-huit millions deux cent quarante-trois
mille deux cent quatre-vingt-dix livres, soit en actions de la compagnie des Indes, soit en billets de
banque; tandis qu'il n'y avait dans le royaume que
douze cents millions d'espèces, à 60 liv. le marc, et
que, malgré la réduction de 600 millions d'effets au
porteur, à 250 millions de dette d'état, la dette nationale se monta, à la mort de Louis XIV, à deux

perçant, le moins de connaissance des ressorts du gouvernement et des intérêts de la nation. Cet homme leva le masque de tous les vices à la fois ; et comme tous les cœurs avaient été corrompus par le système du gouvernement précédent, tous les visages osèrent montrer, sous la nouvelle autorité, d'un bout du royaume à l'autre, tous les vices des cours. :

C'est là que les hommes puisent les deux plus puissans vices de l'humanité, qui sont *la basse cupidité et l'orgueil* non moins vil.

---

milliards soixante-deux millions cent trente-huit mille une livre, à vingt-huit livres le marc, laquelle dette portait des intérêts au denier vingt-cinq, montant à quatre-vingt-neuf millions neuf cent quatre-vingt-trois mille quatre cent cinquante-trois livres.

Une pareille erreur décèle assurément un homme; mais le régent avait une facilité de travail qui prouve qu'il avait l'*esprit* très-perçant. On pourrait lui appliquer ce que Tacite disait de Pison : *Nemo aut validiùs otium dilexit , aut faciliùs suffecit negotio, magisque quæ agenda sunt egit absque ostentatione agendi.*

De ce mélange, il ne peut résulter qu'un scélérat sot et insolent (1).

Ainsi, toute pudeur et toutes mœurs furent perdues, et les mauvaises mœurs sont le plus grand mal d'un état, parce qu'elles annoncent la lâcheté des hommes, aussi bien que la corruption des femmes.

Un général de faveur (2), lâche ou réputé tel à la guerre ; un prêtre honoré de la pourpre (3), faux, hypocrite et ambitieux, sous le masque de la modération et de la bonhomie, sans mœurs, sans talens, sans la plus légère apparence de vertus pour compenser tous ces vices : ces hommes sont choisis (4) pour élever l'unique et précieux rejeton d'une famille anéantie. (Mettez un homme à sa place, il en restituera vingt autres à leur place ; un seul homme déplacé

_____

(1) Aussi ce signalement est-il à peu près de tout temps celui des gens de cour.

(2) Villeroi.

(3) Fleuri.

(4) Ce choix était de Louis XIV, et n'en était pas meilleur.

procure cent candidats indignes) (1). La
maltôte et le monopole prévalent ; le mérite
est obligé de céder aux richesses mal acquises ; et la France ne peut plus résister à tant
de maux ; les mœurs, premières ressources
des états, unique base de la liberté, étant
corrompues.

Cette ébauche effrayante et trop vraie, qui
n'est que le lointain du tableau qu'une histoire plus récente pourrait retracer, nous
offre les effets inévitables du despotisme : il
est avide, car il faut qu'il assouvisse les fantaisies cupides du despote et de ses satellites.
Il pille, il engloutit les biens, la substance
de tous les esclaves qui rampent sous son
empire ; une nouvelle spoliation signale
chacun de ses progrès, parce que l'or y tient
lieu de tout ; tous les ressorts sont corrodés :

---

(1) « Il faut qu'un état périsse, dit M. de Thou,
« quand ceux qui le gouvernent ne distinguent plus
« les honnêtes gens des malhonnêtes gens. » *Eam
civitatem interire necesse est, cujus præfecti probos
ab improbis discernere nesciunt.* (Præf. hist.) Que
sera-ce, lorsque, distinguant ceux-ci, ils seront les
préférés ?

vertu, force, courage, émulation, talens,
génie, tout se ressent de l'avilissement de
l'ame ; la corruption est la mesure de la
puissance du despote, et le gage de l'impunité
de ses satellites (1). Le despotisme est aux
royaumes ce que l'oisiveté est aux particuliers, c'est-à-dire, le père de tous les vices.

Le luxe vient contribuer à les étendre ; il
naît à l'approche du despotisme, ou plutôt
il est un des premiers échelons au pouvoir
arbitraire : car la cupidité et la mollesse
qu'il produit et nourrit, sont les premiers
symptômes et les plus puissans mobiles de la
servitude, et conséquemment les premiers

---

(1) C'est une chose également révoltante et remarquable, que les immunités accordées en France aux
publicains et à leurs satellites. Entr'autres anecdotes
que je pourrais citer, j'observerai seulement que
l'article 8 du titre 14 de l'ordonnance de 1687, qui
règle depuis cette époque tout ce qui concerne les
fermes, porte expressément, « que tous commis,
« commandans et gardes. . . . . seront reçus au
« serment par le juge des droits royaux, dans le
« détroit duquel ils seront employés, *sans informa-*
« *tion de vie et de mœurs*, et sans conclusions ni
« commissions du substitut du procureur-général
« sur les lieux. »

agens du despote. Le luxe précède le despotisme, il l'introduit; mais rapide dans ses progrès, meurtrier dans ses ravages, il a bientôt
englouti et l'oppresseur et l'opprimé.

O rois qui mettez votre confiance dans le
produit de vos exactions tyranniques, qui
détruisez toutes les vertus, qui amollissez
tous les courages, qui pervertissez les mœurs,
qui croyez que l'or vous donnera des esclaves, des maîtresses, des favoris, des ministres,
des soldats, une grande puissance, tout en un
mot : votre folle illusion sera déçue. Vous avez
tout concentré dans la possession de l'or; vous
en avez fait votre seul agent, comme votre
unique idole; vous avez dirigé toutes les passions vers ce métal destructeur. Hélas! dor-
missiez-vous sur des monceaux d'or, celui
qui saura s'en saisir, sera le maître de tout
et de tous, et par conséquent le vôtre (1).

-----

(1) « Virtus , fama , decus , divina humanaque
  » pulchris
  » Divitiis parent ; quas qui construxerit , ille
  » Clarus erit , fortis , justus , sapiens etiam et
  » Rex ,
  » Et quidquid volet. »
                    (Horat. , sat. 3 , lib. 2.)

Il sera puissant, fort, obéi ; il sera le juge inexorable ; il sera le bourreau du tyran dépouillé. On pille, on vole des trésors, et ceux de Crésus ne le sauvèrent pas du bûcher; mais l'amour des hommes, tôt ou tard, mais toujours acquis aux princes justes ; les talens, le courage, la fidélité ; toutes les vertus compagnes inséparables de la liberté : ces vertus restent, et ces richesses valent bien les autres.

J'ai dit que l'introduction du luxe était nécessaire aux progrès du despotisme, et j'ajoute que l'on doit se méfier toujours du gouvernement qui le protège et l'encourage : c'est le piége séducteur que les despotes dressent sans cesse, et auquel les hommes n'échappent jamais.

Alors les ames s'énervent, et les mœurs se corrompent ; alors s'élève *le luxe privé qui détruit toujours la magnificence et la richesse publique* (1) ; alors paraissent de toutes parts les fortunes illégitimes et éphémères, dont les progrès fastueux détruisent l'aisance de

_____

(1) *Publicam magnificentiam depopulatur privata luxuries.* (Pater.)

tant de citoyens; alors on voit naître les
rentiers oisifs (1), les célibataires scandaleux, les usures ruineuses : tous les citoyens
sont en méfiance; les intérêts particuliers
n'ont plus aucun rapport avec l'intérêt public, ou plutôt ils en deviennent les destructeurs. La cupidité ravage la société; car
l'intérêt particulier, dont rien ne tempère
plus l'ardeur dévorante, devient le foyer de
toutes les passions humaines, et emprunte
toute leur activité.

Les princes ne peuvent assouvir la soif du

---

(1) L'invention des rentes viagères est de l'église
de France, et date du 10e. siècle : on lui abandon-
nait des terres, des maisons, par une convention appelée *contrat précaire*; on retenait l'usufruit viager,
et l'on touchait le double de cet usufruit en biens
d'église. Les dervis et les imans ont accueilli, dit-on,
cet usage en Turquie ; car le despotisme sacerdotal,
aussi bien que le civil, suit la même marche, et emploie les mêmes moyens.

Quand la multiplicité des rentiers n'aurait produit d'autre mal que celui de fomenter l'oisiveté,
elle serait un grand fléau politique. Un homme qui
n'a rien à faire est un être très-dangereux dans la
société. Une loi d'Amasis ordonnait que l'on fît mou-

pouvoir arbitraire, que je comparerais à la
fièvre du lion, si celle-ci du moins n'était
passagère, sans atténuer par les suggestions
de la cupidité et les amorces de la volupté,
cette corruptrice infaillible et perfide, toutes
les forces qui pourraient leur résister. *Vo-
luptates* (1) *quibus romani plus adversùs
subjectos quàm armis valent*, dit le pénétrant
Tacite.

---

rir, tous les ans, ceux qui ne pouvaient pas montrer
qu'ils ne vivaient que par des moyens honnêtes
et conformes aux lois. C'est Hérodote qui nous l'apprend ; et il ajoute que Solon adopta cette loi, et la
donna aux athéniens. *Amasis extitit, qui legem
hanc apud ægyptios condidit, ut, singulis annis,
apud provinciarum præsides, ægyptii omnes demons-
trarent undè viverent ; et qui hoc non faceret aut
non demonstraret se legitimè vivere,* MÈDE APO-
PHAINONTA DICAIÈN ZOÈN, *is morte afficeretur.
Quam legem Solon ab ægyptiis mutuatus, athenien-
sibus tulit, quùm illi quod sit castissimi assiduè
usurpant.* (L. 2.)

(1) Au texte : *voluptatibus*. Tacite, qui a dit tant
de choses, dit encore : *Ut homines dispersi ac ru-
des, eoque bello faciles, quieti et otio per volup-
tates assuescerent ; idque apud imperitos humanitas vocabatur, cùm pars servitutis esset.*

L'opinion la plus distinguée et la plus opiniâtre des sauvages de l'Amérique, c'est que l'homme est né pour l'indépendance la plus absolue; car c'est ainsi qu'ils conçoivent *la liberté*. Ils n'ont point étendu leurs perceptions jusqu'à découvrir qu'on augmente ses facultés, ses jouissances, ses denrées, en les échangeant; mais aussi les piéges insidieux d'une autorité usurpatrice ne les ont pas énervés par l'admission du luxe : c'est un très-grand bien acheté par de grandes privations.

Je sais que les moralistes ont toujours declamé contre le luxe, et la corruption qu'il entraîne; mais cela n'est pas étonnant, car l'on n'a presque conservé que les auteurs des *siècles polis*, et les *siècles polis* sont précisément ceux qui ont ressemblé à celui-ci. Qu'on lise Tacite, et l'on sera singulièrement surpris du rapport exact des mœurs romaines sous les empereurs, aux vices de nos jours.

C'est dans les siècles polis que l'on a dit que *tout était vénal à Rome* (1).

---

(1) *Romæ omnia venalia esse.* (Sallust, in Jugurtb.)

C'est alors qu'on n'osait pas y compter *le péculat et les concussions* (1) *au nombre des crimes, tant l'exemple en était général.*

C'est alors qu'on aurait pu dire, en comparant les mœurs de Rome florissante à celles de Rome implacable ennemie des *Tarquins,* ce que Tacite avouait long-temps après en parlant des agrestes germains, *que les bonnes mœurs avaient chez eux plus de force, que les bonnes lois n'en avaient à Rome* (2).

C'est à l'époque de l'introduction de la politesse, des arts et des talens littéraires dans cette célèbre métropole du monde, qu'un habile scélérat s'écriait : *O ville vénale, tu seras bientôt esclave, si tu trouves un acheteur* (3)!

---

(1) *Non peculatus ærarii factus est : neque per vim sociis ereptæ pecuniæ : quæ, quamquam gravia sunt, tamen consuetudine jam pro nihilo habentur,* disait Memmius en haranguant le sénat. (Sallust., in Jugurth.)

(2) *Plusque ibi boni mores valent, quàm alibi bonæ leges.* (Tacit., de Morib. Germ.)

(3) Jugurtha *sed postquàm Româ egressus est, fertur eò sæpè tacitus respiciens, postremò dixisse,*

C'est au sein de cette politesse délicate et perfectionnée, qu'un contemporain d'Auguste a dit avec tant de finesse et de vérité : *Gratis pœnitet esse probum* ; car le despotisme s'est toujours ressemblé dans sa marche et ses effets. Du moment où la cupidité devient le mobile d'un gouvernement, et l'appât qu'il présente aux hommes, *qui voudrait être vertueux gratis* (1) ? Dans un état *despotique, les vertus de citoyen sont des vertus de dupe*, dit un écrivain célèbre (2). Les hommes ne veulent point être dupes, parce qu'ils n'aiment ni les humiliations ni les mauvais marchés. La vertu n'est et ne saurait plus être un objet, dès que l'estime publique s'en éloigne, ou du moins dès qu'elle n'en est plus la récompense.

C'est dans un siècle aussi poli que le nôtre, que les citoyens, de quelque ordre qu'ils soient, sont *si assujétis* à l'argent,

---

urbem venalem et maturè perituram, si emptorem invenerit. (Sallust., in Jugurth.)

(1) *Non facile invenies multis in millibus unum,*
   Virtutem pretium qui putet esse suum.
Ipse decor recti, facti præmia desint,
   Non movet et gratis pœnitet esse probum.

(2) M. d'Alembert ; *Essai sur les gens de lettres.*

10

que sitôt qu'ils voient un homme dédai-
gneux en ce genre, ils le croient riche; et,
sans se rendre compte à eux-mêmes de la
prééminence qu'ils lui attribuent, ils le
saluent comme l'esclave salue l'homme libre.

C'est surtout dans un tel temps *que cor-*
rompre et être corrompu s'appelle (1) *le bon*
ton ; et que les choses qui passaient autre-
fois pour des vices, sont les mœurs d'un siè-
cle (2).

C'est dans un temps tout pareil enfin
qu'un génie mâle, peintre énergique et ressemblant des mœurs de son siècle, en a fait
ce tableau, qui semble sortir du pinceau
de l'éloquent citoyen de Genève.

« On vit naître et s'accroître la soif cu-
» pide de l'argent, et le désir effréné du
» pouvoir. Ces deux passions furent la
» source, et, pour ainsi dire, la matière
» première de tous les crimes ; car l'avarice
» bannit la probité, la bonne foi, et détrui-
» sit de son souffle infect toutes les autres
» vertus ; elle introduisit l'orgueil, la du-

---

(1) *Corrumpere et corrumpi probum sæculum vo-*
catur. (Tacit. , de Morib. Germ.)

(2) *Quæ fuerunt vitia, mores sunt.* (Senec., 39.)

» reté, le mépris des dieux, et la vénalité
» de toutes choses. L'ambition apprit aux
» hommes la dissimulation, la perfidie, l'art
» de feindre un langage et des sentimens dé-
» mentis au fond de leur cœur, celui de ne
» mesurer leur haine et leur amitié que sur
» leur intérêt et les circonstances, et sur-
» tout la science perfide de composer leurs
» visages plutôt que de redresser et de ré-
» gler leurs principes. Ces vices, d'abord
» lents dans leurs progrès, étendirent à la
» fin leurs ravages ; et leur contagion pesti-
» lentielle eut bientôt tout embrasé (1). »

Des mœurs moins fermes et des temps
plus *polis*, en faisant perdre bien des ver-

---

(1) « *Igitur primò pecuniæ, dein imperii cu-*
« *pido crevit ; ea quasi materies omnium malo-*
« *rum fuére ; namque avaritia fidem, probitatem,*
« *cæterasque artes bonas subvertit ; pro his su-*
« *perbiam, crudelitatem, Deos negligere, omnia*
« *venalia habere edocuit ambitio ; multos morta-*
« *les falsos fieri subegit ; aliud clausum in pec-*
« *tore, aliud promptum in lingua habere ; ami-*
« *citias inimicitiasque non ex re, sed ex com-*
« *modo æstimare, magisque vultum quam inge-*
« *nium bonum habere. Hæc primò paulatim cres-*
« *cere, interdum vindicari quasi pestilentia in-*
« *vasit* « (Sallust., in Jugurth.)

tus, et presque toutes les vertus, donnent, à
ce qu'on assure, une sorte de dédommage-
ment par la justesse du goût : mais quel dé-
dommagement ! Je ne nierai pas une assertion aussi généralement reçue, pour ne
point m'engager dans une discussion dé-
placée. M. de St.-Evremont a osé dire, il a
même à peu-près prouvé que le siècle d'Auguste, tant vanté, avait déchu. Horace,
dit-il, Horace, si célèbre par la délicatesse
de son esprit et la justesse de son goût,
tournait en ridicule ses contemporains. Ne
serait-ce pas la preuve qu'ils ne l'avaient pas
excellent ? Cicéron se plaignait de la décadence du goût. Que d'observations de cette
espèce nous offriraient des siècles bien fiers
de leur instruction !

Mais laissons aux modernes cet avantage
qu'ils font sonner si haut : supposons pour
un instant que le génie, et les beaux arts qu'il
crée et perfectionne, ne souffriront rien de
l'altération de la liberté, de la corruption des
sentimens, de la gêne des pensées, de l'introduction de la mollesse, qui affaiblit aussi bien
l'ame que le corps (1), toujours sera-t-il très-

_____

(1) *Mollis educatio*, dit Quintilien, *nervos*

permis de penser, avec le fameux M. Rousseau (1), que les beaux-arts ne sont pas une si

---

omnes mentis et corporis frangit. Quid non adul-
tus concupiscet, qui in purpuris repit ? Nondùm
prima verba exprimit, et jam coccum intelligit,
jam conchylium poscit! antè palatum eorum,
quam os instituimus.

(1) M. Rousseau n'est pas le premier qui ait
soutenu cette opinion, qui a fait tant de bruit,
et que ses adversaires n'ont pas entendue. On trouvera dans la 106e. lettre persanne d'excellentes
pensées à ce sujet. Voyez aussi tout le chapitre
12 du 2e. livre des Essais de Montaigne ; re-
marquez-y la liste des anciens philosophes qui
ont avancé le même principe. Postquàm docti pro-
dierunt, boni desunt, dit Sénèque. (Epist. 9.) Pa-
rium mihi placent eæ litteræ quæ ad virtutem
doctoribus nihil profuérunt. Ailleurs : Nihil sanan-
tibus litteris. Les philosophes, dit Cicéron, nuisent
à ceux qui prennent mal ce qu'on leur dit : Iis
qui benè dicta malè interpretarentur. (Cicer. de
Nat. Deor., l. 3 , c. 31.) Voyez les détails de l'é-
ducation des perses dans le premier Alcibiade de
Platon. « En cette belle instruction, dit Montaigne,
« que Xénophon prête aux perses, nous trouvons
« qu'ils apprenaient la vertu à leurs enfans, comme
« les autres nations font les lettres. »
Je finis ces citations, qu'on pourrait multiplier

belle chose dans l'état , et que *Régulus* et *Caton* ne pouvaient pas exister dans le même siècle que le rhéteur *Sénèque*.

———————————

à l'infini , par ce passage remarquable de milord Bolingbroke (*Folie et Présomption des Philosophes*) : « Celui qui soutient , dit-il , qu'il y aurait plus de » savoir et de sagesse parmi les hommes , s'il y » avait moins d'érudition et de philosophie , peut » paraître avancer un paradoxe ; mais un homme » exempt de préjugés , et qui sait douter, s'aperçoit » bientôt que ce prétendu paradoxe est une vérité » incontestable : cette vérité a lieu dans la plupart » des sciences humaines ; mais surtout dans la mé- » taphysique et la théologie. Je sens bien qu'elle » ne manquera pas de choquer la vanité des » hommes les plus vains qui soient au monde ; je » veux dire des scholastiques et des philosophes ; » mais ceux qui cherchent sincèrement la vérité, » et qui préfèrent l'ignorance à l'erreur , seront » ravis de cette découverte. »

Convenons que l'homme , immodéré en tout , soutient volontiers les principes extrêmes , qui ne sont jamais les vrais. Les sciences n'ont pas fait tout le bien que leur attribuent leurs partisans ; elles n'ont pas fait tout le mal que leur imputent leurs détracteurs ; elles ont produit de grands biens ; et fomenté de grands maux. C'est ainsi que presque dans toutes les disputes tout le monde a raison ;

Dès qu'on estime les beaux-arts dans un
autre genre qu'ils ne doivent l'être (et c'est
ce qui arrive toujours), il se fait des demi-
savans ; bientôt l'insolence de l'histrion et
du poëte, les adulations des écrivains mercenaires, les erreurs ou plutôt les faussetés

---

ou, pour mieux dire, c'est ainsi que la raison ne
se trouve guère que dans le moyen terme de la
dispute. Cultivons les sciences, ne fussent-elles
que le charme de la vie, le remède de l'ennui,
l'aliment de la curiosité, cette passion tyrannique
et indestructible ; mais n'oublions pas cette sage
pensée de Sénèque : *Ut omnium rerum, sic lit-
terarum quoque, intemperantiâ laboramur. Nous
donnons dans l'excès relativement aux lettres
comme à l'égard de toute autre chose.* (Epist. 106.)
En tout, le premier besoin de l'homme est de
s'arrêter ; et malheureusement un des vices de
son instinct, est de ne pas savoir *s'arrêter.* L'excès
de l'étude énerve autant au moral qu'au physique;
et celui qui étudie trop ses livres, a bien peu le
temps d'étudier lui et ses propres pensées. Tacite
parle de *la sobriété de l'esprit* (si l'on peut s'exprimer ainsi), comme d'une des premières qua-
lités d'Agricola : *Retinuit, quod est difficillimum,
ex sapientiâ modum. Incensum et flagrantem
animum mitigavit ratio et ætas.*

imprimées, payées par le gouvernement,
qui pro........ a.... ec soin les réponses qui pourraient .... ser ir de contrepoison : tout se
gage, tout .... rend, tout s'achète, tout se
mendie; et s'il est vrai, comme l'a dit un
des grands écrivains de nos jours (1), *que
l'amour de l'argent, ou, ce qui revient au
même, la considération accordée à la richesse, soit le terme extrême de la corruption*, à quel période est parvenue notre Europe toute mercantile et vénale ?

Le despote prodigue l'or pour en avoir
encore plus; car l'or, père de la servitude,
est le dieu des despotes (2). D'ailleurs, il faut
épuiser tous les autres, afin d'être le seul
riche, le seul puissant, le seul maître; comme
si la pénurie du peuple n'était pas un présage
assuré de la ruine du prince ! comme si l'état
n'entraînait pas toujours son chef dans sa
perte ! C'est donc ici le coup le plus meurtrier, comme aussi le plus dangereux pour
lui-même, qu'un prince arbitraire puisse
porter à la liberté.

---

(1) M. Rousseau.
(2) César, après avoir mangé tout son bien,
s'endetta de quarante milliens.

Louis XI fut le premier roi de France qui corrompit les états-généraux, et détruisit ainsi le rempart le plus respectable de la liberté publique.

Charles VII, qui mérita, par les vertus de son ame honnête et sensible, l'indulgence dont on honore sa mémoire, mais que, le défaut de talens ou de caractère, et les difficultés des circonstances épineuses où il se trouva, exposèrent à des fautes essentielles pour la nation; Charles VII avait déjà levé des deniers sans le consentement des états-généraux. Louis XI fit plus encore ; il extorqua par adresse et arracha avec violence, après avoir avili et persécuté la noblesse, au lieu de la contenir, de la réprimer, et de lui donner l'exemple de la justice.

On serait effrayé, si l'on pensait que Charles VII avait levé des taxes pour un million huit cent mille livres (1).

Ce fait n'est pas assez connu et n'est pas assez répété. Louis XI porta ces mêmes taxes illégales à quatre millions sept cent mille

---

(1) Le marc d'or valait alors cent livres, et le marc d'argent huit livres quinze sous.

livres (1). Voilà la gradation rapide de l'avide
tyrannie et du fisc guidé par des volontés
arbitraires, et dénué de principes.

Charles VII soudoya le premier neuf mille
hommes de cavalerie et seize mille hommes
d'infanterie ; et Louis XI augmenta l'infanterie de quinze mille hommes, et la cavalerie de vingt-cinq mille. Louis XIII lui-
même augmenta ses troupes réglées d'alle-
mands (2), comme Louis XI y avait introduit des suisses (3). On sait jusqu'à quel
nombre prodigieux s'est accrue cette milice.
Tout le royaume, sous Louis XIV, alla
s'engloutir dans les camps (4).

Que peut une nation ainsi surveillée ? On
parle sans cesse de la nécessité des troupes
réglées. *Comment résister, dit-on, à celles de
nos voisins avec de misérables bandes de*

---

(1) Le marc d'or valait alors cent dix-huit livres
dix sous, et le marc d'argent dix livres. Cette
somme monte à vingt-trois millions de notre mon-
naie.

(2) Philippe-de Commine.

(3) Les bandes noires.

(4) Ou dans les manufactures ; autre manie des-
tructive de ce siècle d'illusions.

paysans, ou une noblesse ignorante et indis-
ciplinée ?

Je n'ai pas prétendu entamer cette discussion militaire, sur laquelle il y aurait bien
des choses à dire, et que je ne craindrais
pas d'approfondir, si c'en était ici la place;
mais je dis que les troupes réglées sont l'instrument du despotisme, comme leur institution en fut le signal. L'exemple de nos
voisins n'est pas une preuve contradictoire.
Eh! ne voit-on pas en effet que toute constitution en Europe est dégénérée en arbitraire, et s'accélère vers le despotisme ! Les
troupes réglées ont été et seront toujours le
fléau de la liberté; mais ce fléau est intolérable, quand il devient le rempart des
déprédations. *Soliman le magnifique*, que
les Turcs nommèrent *canuni* ou *instituteur
des règles*, et qui donna le premier une sorte
de forme régulière à l'empire ottoman, apporta du moins de l'ordre dans les finances;
car il avait trop de génie pour ne pas sentir
que c'était là la véritable pierre de touche
de l'administration, et l'unique base de
toute autorité prospère. C'est trop de rava-
ger sa nation par les incursions de la fisca-

lité, et de l'enchaîner par les mains d'une
milice nombreuse et mercenaire.

Tel est notre sort, et tel en fut le signal.

Il est aisé maintenant de suivre les grada-
tions accessoires qui nous ont jeté sous le
règne absolu, ou plutôt sous l'oppression terrible de-la fiscalité et des déprédations en
tout genre de finances.

On peut faire remonter cette époque à
Charles VII et à Louis XI; mais ce fut aux
prodigalités de François I.er, et à nos mal-
heureuses guerres d'Italie, qu'on en dut les
tristes progrès; ce fut surtout (1) à l'admis-

---

(1) En effet, on croit communément que François I.er. laissa un grand désordre dans les finances:
cependant, malgré ses dissipations, il laissa quatre
cent mille écus d'or dans ses coffres, et un quart
de revenu prêt à y entrer. Henri II, qui ne régna
que douze ans, laissa l'état endetté de quarante
millions.

On fit, à propos des libéralités de François I.er,
cette très-fine critique des prodigalités des rois :
Sire, si vous donnez pour tous à trois ou quatre,
Il faut donc que pour tous vous les fassiez combattre.

Suivant l'état communiqué aux trois ordres, aux
états d'Orléans, à la mort de François I.er. (1560),
les dettes montaient à 39,182,565 livres, la recette

sion des italiens dans les affaires de France,
par Catherine de Médicis.

Le règne des italiens fut odieux et infâme
sous Henri II et ses fils. Sully arracha bien
quelques feuilles à cet arbre parasite et vo-
race ; mais il avait laissé le tronc et les
branches, qui ont si fortement repoussé
depuis.

Rien, dans la société, ne peut sauver le ridicule de faire ce qu'on ne sait pas ; mais rien
n'est aussi criminel que de se charger d'une
fonction publique dont on est incapable :
c'est cependant ce qui arrive toujours dans
un état, où tous les esprits sont tournés vers
l'intrigue, comme tous les cœurs sont corrompus par la cupidité.

Un voyageur qui nous raconterait que,
dans les terres australes, il se trouve un
royaume où l'on ne confie jamais aucune
partie de l'administration qu'à un genre
d'hommes qui ne sont d'aucun état et d'au-

---

totale de l'année à 12,259,925 livres, et la dépense
à 12,260,829 livres.

On ne fait pas ces sortes de relevés ; c'est cependant le premier devoir d'un historien, parce que
c'est la première utilité de l'histoire.

cun métier (1); que ce royaume a de nombreuses armées, mais que la règle constante de l'administration militaire est de ne jamais placer à la tête des affaires ceux qui ont commandé ces armées ; que ce pays possède une assez forte marine, mais qu'aucun des marins n'y est jamais consulté sur les opérations de mer ou celle des arsenaux; qu'il en est ainsi de toutes les autres branches du ouvernement, dont toute la science se réduit, dans ces contrées, à savoir noircir avec une sorte de chalumeau une espèce de carton qu'on y fabrique; un tel voyageur emblerait en conter à ses lecteurs, et nous roirions bien difficilement qu'il existât un peuple assez barbare pour avoir atteint ce degré de délire. Mais les voyageurs sont un peu accusés de mentir; laissons le nôtre, et revenons à notre pays.

On peut dire, sans s'écarter de son histoire, que des ministres, parfaitement ignorans dans la partie qui leur était confiée, s'y sont fréquemment succédé: ils ont cé-

---

(1) Des maîtres de requêtes, par exemple.

pendant voulu avoir dans leur ressort la première et presque la seule autorité.

Malheureusement, et très-malheureusement, *Richelieu*, *Louvois* et *Colbert* étaient des hommes de génie ; et *Mazarin* lui-même (1) avait de grands talens.

Tous ces ministres despotiques n'ont cherché, comme de droit, qu'à faire prévaloir leur autorité, sous le prétexte de soumettre tout à l'autorité du roi ; jamais ils n'ont porté leurs vues ni leur plan plus loin que l'intérêt de leur *crédit*, qu'ils firent passer bien avant *leur gloire*.

Les grandes charges de la couronne leur ont paru un obstacle ; ils les ont dégradées et anéanties : ils crurent se dépouiller, en partageant la portion d'autorité qu'ils étaient obligés de confier. Pour la diminuer, ils l'entremêlèrent *d'officiers de détail* (2), indépendans de la hiérarchie naturelle.

_____

(1) M. de Turenne estimait plus la sagesse combinée du cardinal Mazarin, que la supériorité trop entreprenante du cardinal de Richelieu.

(2) J'ai vu la lettre d'un célèbre brouillon de nos jours, à qui l'on a la bonté de croire de l'esprit

Un général qui avait gagné deux batailles, effrayait ; l'admiration qu'attire ce mérite dans l'esprit des hommes , le crédit et l'importance qu'il acquiert à ceux qui réussissent dans la carrière des armes, semblèrent une atteinte dangereuse.

Pour diminuer ces avantages, il fallut rendre plus difficiles les succès : les ministres contrarièrent constamment les chefs. Louvois trahit le roi pour nuire à Turenne. Dès-lors nos généraux, desservis, inquiétés, dégoûtés, perdirent la plus grande partie de leur crédit et de leur autorité. Le dernier coup enfin , et le plus sûr qu'on leur ait porté depuis, a été d'en augmenter le nombre jusqu'à la dérision.

La quantité des grades qu'on a inventés, n'est qu'un échelon pour faire parvenir un

───────────

(M. de Boynes), et qui , après avoir renversé la marine , écrivait à un des chefs de ce corps , en lui recommandant *le maintien de l'harmonie entre l'épée et la plume* (c'est-à-dire , la subordination absolue de celle-là à celle-ci), *ce grand principe, base de l'administration....* Cela ferait rire , si cela n'était pas infâme.

ignorant, et une barrière propre à faire perdre son temps à un homme de mérite (1) ; c'est aussi la manière la plus sûre d'éteindre toute considération pour le métier que l'on avilit ainsi.

Le fameux Bayard ne fut capitaine d'hommes d'armes qu'après les services les plus importans, les plus longs et les plus signalés. Simple soldat, il était plus considéré que ne le serait aujourd'hui le connétable.

On a donné un uniforme aux officiers-généraux, sans penser qu'on avouait, par cette bizarre prérogative, que les officiers-généraux sont des êtres inconnus aux soldats. Il est aisé de juger quelle est la confiance qu'un soldat peut avoir dans des chefs qu'on est obligé de lui désigner par une marque distinctive, sans laquelle il ne les eût pas connus.

Mais qu'importe un tel avilissement au despote et à ses exacteurs? Il leur faut une milice pour soutenir leurs *douanes*, pour

---

(1) Dans la marine de France, par exemple, nous n'avons eu de grands hommes que ceux qu'elle a reçus tout formés. Ces échelons immenses la dégradent.

inspirer la terreur , et faire respecter leurs spoliations. Il leur faut des hommes ; disait d'Aubigné , *plus curieux de rescriptions pendant leur vie , que d'inscriptions après leur mort* (1). Ils n'ont pas besoin de légions de citoyens redoutables aux seuls ennemis de l'état ; et commandés par des chefs considérés et dignes de l'être : on ne veut qu'écarter du métier des armes tous les notables intéressés à la chose publique, et ses défenseurs-nés. Les uns seront chassés, les autres dégoûtés ; ceux-ci pervertis, ceux-là gagnés ; et tous si dénués de considération et d'autorité réelle, qu'ils ne pourront rien qu'en faveur du despotisme qui les soudoie.

Ainsi, par les progrès et les suites de l'ambition des ministres, il ne nous est resté que des titres, et le cadavre de toutes les anciennes dignités de notre monarchie : l'intrigue de cour, la faveur (c'est-à-dire, à peu près les vices), ont reçu les récompenses dues à la vertu ; des hommes vils,

––––––––––––––––––––

(1) Appendice aux deux premiers volumes de son histoire.

mais adroits dans l'infâme métier de flatter, ne se sont pas élevés aux dignités ; ils les ont fait descendre jusqu'à eux. Dès-lors l'estime et le respect réel s'en sont éloignés : cette marche était inévitable, *car jamais personne n'a exercé avec gloire un pouvoir acquis par des moyens infâmes* (1).

Un des plus grands délires en fait de gouvernement, c'est de vouloir séparer l'autorité de la force et de la grandeur (2) : si l'on sépare l'autorité de la force, celle-ci s'énerve ; et si jamais elle vient à se réveiller, c'est pour tout rompre.

Toutes les entreprises des ministres ont donc concouru à diminuer les ressorts de la véritable autorité, en dépouillant et avilissant les particuliers sur lesquels elle était départie.

L'amour-propre, moins flatté d'avoir de

---

(1) *Nemo enim unquam imperium flagitio quæsitum bonis artibus exercuit.* (Tacit., Hist.)

(2) Je crois que la plus ridicule et la plus frappante preuve que nous en fournisse l'histoire, est l'exemple du parlement de Paris, rendant des arrêts contre des armées, comme on le vit du temps de la fronde.

grandes places, absolument dénuées de crédit, et qui n'étaient plus, dans le fait, qu'un
sujet de tracasseries inquiétantes et dangereuses, s'est replié vers d'autres ressources
et d'autres objets. *La cupidité* a pris la place
de *l'émulation* : il a fallu de l'or pour con-
tenter les cupides. Tous se sont approchés
du séjour des grâces, plus aisées à obtenir
par l'habitation des capitales que par des services réels.

Ce nouveau piége vers lequel on s'est précipité, est bientôt devenu, par cette raison,
le ressort favori des ministres. Si l'œil du
maître fait valoir la terre, on peut juger quel
est l'effet du gouvernement qui transporte
tous les propriétaires hors de chez eux (1).
Une pareille manœuvre doit également
détruire les richesses territoriales et les
mœurs (2).

---

(1) L'éloignement de la capitale, l'habitation des
campagnes était autrefois le goût dominant des seigneurs anglais, et le plus sûr garant de leur indépendance. Ils se précipitent aujourd'hui vers Londres :
on sait aussi combien la liberté britannique s'altère.

(2) C'est en 1549 qu'on vit le premier édit qui fixe
les bornes de Paris. En 1672, Louis XIV les fixa

Aussi les restes d'émulation et de véritable noblesse qui existaient encore en France, y furent-ils bientôt détruits.

Une foule de valets décorés par des titres qu'ils ont avilis, veillent autour de la fortune, et en interdisent les avenues. La gravité, la dignité de mœurs, la force militaire, la sévère et délicate intégrité, les seules vertus qui rendent un homme digne du commandement, ne mènent plus aux gouvernemens des provinces ; de vils adulateurs qui entourent le trône, les ont usurpées : ils prodiguent les bassesses et les importunités, et les font accorder, à ce prix, à leurs enfans encore jeunes, sans mérite, sans service, sans expérience. Ainsi, les *dignités* sont devenues *héréditaires*, quoique relatives à l'état ; (invention, pour le dire en passant, la plus absurde et la plus ridicule qui ait été faite.) L'habitude d'une longue servitude à la

---

de nouveau. La ruine du reste du royaume les établira mieux encore.

Les progrès de la population de Paris dans les deux derniers siècles, au nord et à l'ouest, sont à proportion de cinq à un, dit M. Lebœuf. (*Hist. du Dioc. de Paris.*)

cour, assure les récompenses les plus flat-
teuses qui seraient dues aux services réels, à
un certain nombre de familles plus distin-
guées dans l'ordre de la noblesse par la profession de *courtisan*, que par leurs titres
personnels, et presque également avilies par
leurs profusions insensées et leur sordide et
ambitieuse cupidité (1).

Un ancien (2) disait que l'homme *s'é-
prouve par l'or*; et c'est une vérité de tous
les âges et de tous les pays. On peut tout attendre, excepté la vertu, des hommes que
l'on tient dans la dépendance de l'intérêt.

Les ministres, pour mieux régner, ont donné les grandes places à des *mercenaires* (3)

---

(1) On peut bien appliquer aux courtisans ces
traits expressifs dont Salluste peignait Catilina :
Alieni appetens, sui profusus.

(2) Chilon, l'un des sept Sages de la Grèce, qui
disait *que l'or s'éprouve par le feu, et l'homme
par l'or.*

(3) Et pour mieux asservir les peuples sous ses lois,
Souvent dans la poussière il leur cherche des rois.
　　　　　　　　　　　　(RACINE.)

Ce trait sublime, qui peint si bien Alexandre ;

inconnus (1), qu'ils étaient bien sûrs
d'inspirer et de conduire à leur gré, et qui
ont mieux aimé s'assurer une existence pé-
cuniaire, et vendre leurs droits, que les soutenir. Le gouvernement, déjà absorbé par
une infinité de détails, surchargea encore
toutes les parties de l'administration, de
règles, *de réglemens*, *d'instructions*, *d'ordonnances*, pour ne rien laisser à personne :
aussi le prince *Eugène* disait avec beaucoup
de génie à Malborough : « Vous aurez pris
» la moitié de la France avant que les com-
» mandans des frontières et des provinces
» aient eu des nouvelles de la cour : ainsi,
» allez en avant. » Eugène sentait que les
hommes qu'un despote met en place, sont
des automates, et qu'il n'est rien de plus
faible qu'une cour qui veut tout ordonner et
tout régler. Un bon roi réprime l'abus qu'on

---

indique la marche de tous les despotes, rois ou
ministres. Observez l'administration de Louis XI,
etc. Je ne cite que des temps reculés ; je ne fais
pas l'histoire moderne.

(1) Il faut distinguer les idées ; car tel cordon-
bleu, tel duc et pair, tel..... est un mercenaire
très-connu, mais cependant un *mercenaire*.

fait de l'autorité qu'il confie; mais quel titre donner à celui qui présuppose toujours l'abus?

Des ministres auxquels tout ressortissait, ont été obligés de s'entourer *de scribes*; et cette nouvelle manière de gouverner a troublé toute la société, en élevant de toutes parts des parvenus; en donnant des exemples fréquens de fortunes injustes et rapides; en multipliant les moyens de corruption, les objets de l'adulation; en offrant de nouvelles voies aux intrigues, à la cabale; en semant de nouveaux obstacles les avenues de la justice; en étouffant la voix de la liberté; en introduisant dans l'ordre civil l'espionnage et la délation, qui ont répandu partout la méfiance, l'hypocrisie, la flatterie servile (1); en livrant les finances à un nouveau gaspillage, voilé sous une infinité de formes et de papiers; et enfin en subvertissant le militaire; ce qui est bien plus singulier, à cause de la différence des analogies.

Cette manie de la plume, qui date de

_____

(1) La cour est un pays où l'on ménage tout, parce qu'on y connaît les fortunes subites.

Louis XI (1), mais à laquelle Colbert donna
des forces nouvelles, est parvenue à un point
presque inconcevable. Bien loin que l'administration ait changé à cet égard, elle s'est
appesantie : *les papiers et les détails* ont tout
absorbé. L'on ne saurait faire sergent le plus
brave et le plus expérimenté soldat, s'il ne
peut écrire; le *major*, homme de *détails*, autrefois sans commandement, et ne portant
pas même *le hausse-col*, marque distinctive
de l'officier, est actuellement *officier supérieur*.

Le secrétaire d'un de ces espions décorés, que l'on appelle *inspecteurs*, et qui ont
introduit dans le militaire le despotisme le
plus minutieux et le plus avilissant, a plus
de papiers que n'en avait autrefois le ministre de la guerre. Avec la plume, on gouverne

_____

(1) Seyssel, qui écrivait sous François Ier, dit,
dans sa *Monarchie*, que, de son temps, il y avait
plus d'*offices* en France que dans tout le ré-
manent de la chrétienté.

• Pour cent qu'il y en avait du temps de Seyssel,
• ajoute Loyseau, qui vivait sous Louis XIII,
• il y en a mille à présent, au-par-dessus des-
• quels on en a créé depuis cinquante ans plus
• de cinquante mille. •

absolument et sans appel (1) le militaire, comme toutes les autres parties de l'admi-nistration.

Quand le premier pas est fait dans ce gen-re, les *détails* vont toujours en croissant. Chacun de ces détails demande *un homme*, parce que chaque homme demande une *place*; les papiers se multiplient; il faut *des aides aux détailleurs*; et cela se subdi-vise à l'infini, parce que les *détailleurs* font les *détails*, les *affaires font les affaires*, et les *écrivains* font les *écritures*.

« Si, sous l'empire romain, composé de
» provinces qui forment aujourd'hui des
» royaumes, les affaires se fussent traitées
» avec le même appareil et la même prolixi-
» té qu'elles se traitent aujourd'hui..., il est
» très-douteux que la ville de Rome et ses
» faubourgs eussent pu suffire à contenir
» et à loger les bureaux (2). »

─────────────────────

(1) L'on peut remarquer, à ce sujet, dans les gazettes récentes, qui détaillent la position des quartiers d'hiver des différentes troupes en Corse, que le nom du commandant ne s'y trouve jamais; mais qu'on y lit exactement que *telle* ou *telle troupe* est sous la police de M. le commissaire un *tel*.

(2) M. Grosley, dans son excellent ouvrage inti-tulé *Londres*.

Le marquis de Louvois avait deux premiers commis : on a vu dix-sept chefs au bureau de la guerre, chacun desquels avait au moins dix ou douze commis ; et je ne doute pas que le nombre n'en soit augmenté. Mais cette multitude de papiers donne-t-elle et peut-elle donner à ces *ministres scribes* la connaissance de la guerre, et cet *instinct*, pour m'exprimer ainsi, qui fait qu'en regardant un jeune soldat, le *vétéran* voit de quoi il est capable ? Ces cartons immenses dévoilent-ils l'esprit des militaires, les mouvemens de leur cœur, leurs mœurs, leur manière de penser ; leurs idées, leurs préjugés, leur sorte de gloire, et enfin les divers replis de leur ame ? C'est ce qu'un vieux militaire fait et découvre sans s'en douter ; et ces *menus ressorts* sont ceux qui donnent le branle à la machine. Toute l'instruction possible, acquise par les *notes*, équivaut-elle à cette sorte d'expérience ?

Mais qu'importe encore une fois, pourvu que ces *notes* et ces *écritures* soient le prétexte d'un gaspillage démesuré d'argent, et le voile des friponneries des *ministres* et des *sous-ministres* ? car enfin on n'emploie pas les hommes sans les payer ; et surtout on ne leur donne pas impunément l'exemple du pillage.

Ainsi, l'on a tout fait PAR L'OR ET POUR L'OR. *Par des richesses*, dit Montaigne, on *satisfait les services d'un valet, la diligence d'un courrier, le danser, le voltiger, le parler, et les plus vils offices qu'on reçoive; voire, et le vice s'en paye, la flatterie, le maquerellage, la trahison. . . .* Par des richesses, on a satisfait depuis des magistrats, des maréchaux de France, des princes du sang. Au prix de l'honneur, on a substitué l'or; il a fallu qu'il suppléât à l'autorité, à l'émulation, à la vertu, à tout enfin: il en a beaucoup fallu pour remplacer toutes ces richesses morales. Les hommes qui ont su l'arracher par parcelles, et à leur profit, des mains des sujets, afin de le revendre en grosses masses, et bien chèrement, au souverain (funeste science, trop facile à acquérir lorsqu'elle est encouragée); ces hommes, s'il est permis de leur donner ce nom, ont prévalu: ce besoin qu'on avait d'eux, et *leurs trésors*, *qui n'étaient pas leurs trésors,* et qui avaient détruit cent fois plus de richesses qu'ils n'en recélaient, leur donne-

rent bientôt une existence: le luxe a volé sur
leurs pas.

L'existence d'un homme de mérite est la
critique la plus sévère de tout homme qui
n'en a pas ; et voilà pourquoi les sots et les
fripons persécutent sans cesse. *L'éclat même
de la vertu*, dit Tacite, *irrite* (1) *les méchans, parce qu'elle les démasque et les con-
damne* (2). Aussi fut-il bientôt dangereux de
paraître par les choses qui devaient donner
une distinction réelle. L'envie de se distinguer, passion inextinguible dans le cœur
des hommes, les a bientôt décidés à chercher les distinctions frivoles, plutôt que de

---

(1) *Etiam gloria ac virtus infensos habent,
ut nimis ex propinquo diversa arguens.* (Annal.,
trad. de M. d'Alembert.)

(2) Un grand poète ne croyait pas pouvoir désirer un supplice plus cruel aux tyrans, que le
spectacle de la vertu, et le remords de l'avoir
abandonnée.

*Magne pater divum, sœvos punire tyrannos
Haud aliâ ratione velis, cum dira libido
Moverit ingenium, fervent tincta veneno ;
Virtutem videant, intabescantque relictâ.*

(Pers., sat. 3.)

n'en avoir point (1). Lorsque les richesses
acquièrent dans l'opinion et dans le fait la
prééminence ; lorsqu'elles sont le chemin de

---

(1) Celle d'être un honnête, riche et heureux pro-
priétaire en vaudrait bien une autre ; mais tout à
l'heure on ne pourra plus être cela ; et les spoliations du fisc chasseront de leurs terres ceux qui
ont eu le bon sens de s'y retirer , car tous les
capitaux du royaume seront bientôt absorbés , et
conséquemment les récoltes détruites , et conséquemment la subsistance arrachée. Bien sage cependant sera celui qui s'efforcera d'être plus habile que le fisc n'est avide , et qui s'en tiendra à
la considération rurale , la seule qu'un honnête
homme puisse désirer et acquérir aujourd'hui. Il
se trouve qu'au moyen de la tournure qu'a prise
le service militaire en France , la haute noblesse
féodale a échangé une considération solide , et, pour
ainsi dire , héréditaire , quand les races se conduisent décemment , contre la considération de
quelques lignes de gazettes , que tous les êtres inutiles lisent dans les cafés. Je crois que s'il revenait
des temps où une famille noble eût besoin de l'estime du peuple pour la soutenir , des vassaux ,
qui ne savent pas lire , la serviraient mieux que
tous les lecteurs de gazettes de l'Europe.

Une anecdote très-remarquable, vu la rage militaire

la considération, des honneurs (1), du crédit, de l'autorité, *la pauvreté* devient *un
opprobre; l'intégrité et le désintéressement
sont regardés comme les vertus des sots*, et
deviennent le *juste objet d'aversion des habiles* (2). Nous craignons, on l'a dit souvent,
nous craignons plus les ridicules que les vices : aussi trouve-t-on rarement des gens
d'honneur dans un pays où l'intérêt personnel lève assez le masque, pour qu'on
qualifie de *fou* l'homme *désintéressé*.

---

de nos aïeux, c'est qu'à une convocation du ban
et arrière-ban du bailliage de Troyes en Champagne
(1407), plusieurs gentilshommes comparurent pour
déclarer, suivant le procès-verbal de cette convocation, *qu'ils vivaient noblement* du labour de
leurs terres.

(1) On connaît le jeu de mots d'Owen, assez
mauvais, mais qui renferme un grand sens :
Divitias et opes hon *lingua hebræa vocavit,*
Gallica gens aurum, or : *indèque venit honor.*

(2) C'est la marche constante de la cupidité.
*Postquàm divitiæ honori esse cæperunt, et eas
gloria, imperium, potentia sequebatur, hebes-
cere virtus, paupertas probro haberi, innocen-
tia pro malevolentiâ duci cæpit.* (Sallust., Catilin.)

« Tel homme a un grand train, dit Mon-
» taigne, un beau palais, tant de crédit,
» tant de rentes : tout cela est autour de lui,
» non en lui. » Sans doute, mais les hommes
ont, dans tous les pays et dans tous les
âges, jugé les hommes par *leur autour* ; et
ceux-là mêmes qui se récrient sur cette folie,
se prennent à cette illusion, que ses propres
succès prolongent.

Telle est depuis long-temps notre manière
d'être. Fouquet disait : *J'ai tout l'argent du
royaume, et le tarif de toutes les vertus.*

Les grands propriétaires, *notables et ma-
gnats* dans leurs provinces, excités ou par
ostentation, ou par des projets de cupidité,
ont apporté dans la capitale des ronces do-
rées. Le besoin et la soif de l'or ont corrompu
tous les rangs et tous les états ; le luxe a causé
le dérangement et la ruine générale ; le dé-
placement de tous les citoyens a donné l'existence à une foule de parvenus.

Cette sorte d'hommes était bien la plus
propre aux vues du gouvernement : aussi ont-
ils occupé presque toutes les places. L'autorité, entre les mains d'un parvenu, le rend
insolent, et s'il ne l'était pas, il paraîtrait
encore tel. Un insolent prend aisément de

l'humeur, et surtout le ton et le vouloir absolu. Ces hommes nouveaux, à qui l'autorité échappait sans cesse, ont voulu gouverner sans aucune règle, par *la terreur*, par *les lettres de cachet*, par *les ordres arbitraires*; et *les formes* ont été un faible et dernier retranchement contre les coups d'autorité : retranchement toujours forcé sans peine, et néanmoins toujours odieux aux *visirs* comme aux *demi-visirs*.

L'ébranlement général a multiplié les secousses : tout s'en est ressenti. Juges aveugles que nous sommes ! nous les avons attribuées à *quelques fripons subalternes*, entre les mains desquels flottait le timon (1).

Une taupe perce la chaussée qui retenait un grand lac ; l'étang déborde ; les pays voisins sont inondés et ravagés : la taupe est-elle donc la cause de tous ces dégâts ?

Les véritables taupes sont ceux qui voient ainsi. Vous prenez les effets pour les causes. Tout vient du gaspillage d'argent, de l'introduction de la cupidité, du ferment de la corruption fomentée par le gouvernement,

_____

(1) Les Terray, le Maupeou, etc., etc.

qui n'a plus ni la force ni le talent nécessaires pour remédier aux maux qu'il a faits, quand il en aurait la volonté.

Obligé de tout acheter, de tout gager, ses soins ne roulent plus que sur les moyens de se procurer le métal que sa profusion épuise.

Mais l'ignorance des administrateurs ne leur permet pas de saisir ceux qui leur en procureraient ; leurs manœuvres, loin de verser réellement de l'argent dans le trésor, l'empêchent chaque jour de plus en plus d'y arriver : il n'est resté de ressources que de vendre tout ce qu'on a pu du capital de la nation, et l'on n'a trouvé d'acheteurs que ceux qui s'étaient déjà enrichis des dépouilles publiques (1) ; c'est avec eux qu'on a traité :

---

(1) L'empereur Claude se plaignait que son trésor était épuisé : on dit alors « qu'on l'aurait pro- » digieusement rempli, si *Narcisse* et *Pallas* (deux » affranchis qui gouvernaient alors l'état) l'avaient » admis au partage de leurs richesses. »

Sous le ministère du cardinal Mazarin, le surintendant disait, lorsqu'on manquait d'argent, *qu'il n'y en avait pas dans le trésor, mais que le cardinal en prêterait au roi.*

on les a mis à portée *de voler* la moitié du royaume, et l'on s'est trouvé ensuite trop heureux qu'ils voulussent bien *acheter* l'autre, aux conditions qu'il leur a plu de fixer. Il n'est pas étonnant qu'ils soient à peu près demeurés les maîtres de tout. Il l'est encore moins que le gouvernement se trouve forcé de friponner, et de dépouiller ceux qui l'avaient pillé si long-temps.

Tel est le fisc, *lion dévorant et insatiable*; point de modification avec lui : sa destruction ou celle de l'état, cela est inévitable. Tous les temps, tous les pays, tous les climats ont vu les mêmes maux, ouvrages des *publicains*; ils ont toujours commencé par être vils; ils sont toujours devenus juges dans leur propre cause (1); enfin, oppresseurs à

---

(1) *Le fisc n'a jamais tort que sous un bon prince. Numquàm fisci causa mala, nisi sub bono principe.* (Plin., *Pénég. Traj.*)

En 1773, un arrêt du conseil, déboutant les officiers municipaux des villes de la généralité de Metz, des oppositions faites à l'arrêt du 13 septembre 1772, qui ordonnait les 8 sous pour livre, (nouveau nom donné à une de ces taxes qui,

découvert de l'humanité, destructeurs des
mœurs (1), déprédateurs de l'état par métier. Les introduire chez soi, comme a fait,
il y a peu de temps, le roi de Prusse, c'est
élever le louveteau dans la bergerie, ou plutôt c'est effectuer sur tout un peuple infortuné cette imprécation terrible que Junon,
irritée, lançait contre les Troyens : *Ache-
ronta movebo.*

Telle est aussi l'autorité avide et insensée,

---

comme Protée, reparaissent sans cesse et en même
temps sous mille formes diverses); un arrêt du
conseil, dis-je, supprime un imprimé ayant pour
titre : *Mémoire des maires, échevins et notables
de la ville de Verdun, contre l'adjudicataire des
fermes générales*, COMME TENDANT A RENDRE LA
RÉGIE ODIEUSE, *etc.* Ainsi, nous devons respecter
les avides *sangsues* qu'une autorité arbitraire et
spoliatrice déchaîne contre nous.

(1) Tacite en parlant d'une tribu des germains,
peuple qui aurait cru attenter à sa liberté, s'il se
fût soumis à payer un impôt, s'exprime ainsi :
*Nam nec tributis contemnuntur, nec publicanus
atterit* (De Mor. Germ., cap. 29); et dans un
autre endroit (cap. 43) : *Gothinos gallica, Osos pan-
nonica lingua coarguit non esse Germanos, et
quòd tribula patiuntur.*

qui creuse de ses propres mains son tombeau (1), qui offre sa nation au bec dévorant du vautour, dont elle-même est bientôt la proie ; car enfin les souverains, comme les autres hommes, et bien plus que les autres hommes, n'ont d'existence relative que celle qu'ils reçoivent de leurs semblables. *Rien n'est plus grand et n'est plus petit qu'un roi.* Je ne sais qui a dit cette vérité ; mais tous les princes devraient la comprendre, la méditer et la retenir. Un roi qui se compte pour tout, et ses sujets pour rien, désintéresse bientôt sa nation. Or, dans un état, il y a remède à tout, excepté au changement dans la façon de penser des sujets, qui sont bien plus réellement soumis à l'empire de l'opinion, qu'à tout autre auquel il n'est point d'homme qui ne sache se soustraire quand il veut.

---

(1) La fiscalité est à peu près telle que nous venons de la peindre au Mexique, la possession espagnole la mieux administrée, dit-on : aussi l'on y ressent les mêmes effets ; et l'on assure que le roi d'Espagne, qui a acheté, et qui paye par tant de compensations et de sacrifices cette immense possession, ne retire du Mexique que 1,200,000 piastres, ou 6,300,000 liv.

Les français, ce peuple généreux, fidèle et guer er, secouèrent sous Charles VII. le joug des anglais, parce qu'alors les français avaient honte d'être soumis à tout autre qu'à celui à qui la loi qu'ils s'étaient faite eux-mêmes, les soumettait : alors ils juraient à leur roi une fidélité inébranlable sur leur épée (1), gage redoutable du serment le plus respecté. Si quelque génie prophétique eût dévoilé l'avenir, il aurait pu dire au roi :

« L'épée de vos sujets vous a remis sur le
» trône ; elle saura vous y affermir ; elle
» saura vous y défendre envers et contre
» tous. Mais si jamais on nous accoutume à
» obéir d'une façon purement passive, il
» nous sera fort égal de rendre cette obéis-
» sance à qui que ce soit. L'état penchera vers
» sa ruine, sans que nous daignions nous en
» occuper. L'esprit de mécontentement et

_____

(1) *Et si gens armata per arma jurat jure suo, se quoque jure ligat.* (Venantius Fortunatus, lib. 6, poëm. 11.)

Les hommes libres, chez les germains et les francs, étaient les seuls qu'on pût appeler pour servir à la guerre ; et l'esclave ne pouvait prétendre à un pareil honneur. (Voy. *Mur. Antiq.*)

» de dégoût effacera bientôt jusqu'au sou-
» venir des humiliations étrangères; on en
» viendra jusqu'à s'en vanter, pour se faire,
» indirectement du moins, justice de l'ad-
» ministration, en dévoilant ses fautes; et
» bientôt enfin on verra les anglais, tant
» de fois repoussés et contenus, donner des
» ordres dans les ports d'une nation, dont
» ils n'auraient jamais dû pouvoir être les
» rivaux... »

Pardonnez, ô mes compatriotes, si je n'ai
pu contenir ma juste indignation sur l'impunité d'un pareil affront (1); son souvenir
est trop récent; le poids de notre avilissement m'écrase. Pourquoi l'impérieux et
despotique Louis XIV ne peut-il sortir de
sa tombe, et contempler l'étonnant parallèle
des français expulsant les anglais du royaume sous Charles VII, rachetant à ce prince

_____

(1) Pourra-t-on effacer jamais des fastes de la
France, qu'en 1773, trois vaisseaux de guerre sont
partis, désarmés, de Toulon, pour aller à Brest successivement, et à quinze jours de distance, avec
la défense la plus expresse de relâcher en Espagne?
On sait, etc., etc.

la couronne au prix du sang de ses sujets , et
de ces mêmes français, également avilis dans
leurs ports par leur propre administration,
et par les ordres d'une puissance rivale?
Le remords d'avoir préparé une pareille
révolution serait pour lui l'implacable furie
que je voudrais déchaîner contre les tyrans.

J'ai dit que les formes étaient un faible retranchement contre les coups d'autorité; et
la rapidité de la gradation que j'essayais de
tracer , m'a empêché d'appuyer sur ce principe; mais il est aisé de sentir que la résistance, et même la volonté de résister aux
coups du despotisme, s'affaiblissent dans un
état, en raison de ce que l'autorité arbitraire
y fait plus de progrès. Tout est corrompu :
la fermeté s'est évanouie; le courage n'existe plus, et l'industrie ne roule que sur les
moyens de s'arroger la plus grande partie
du despotisme que l'on puisse atteindre.
Sénèque a dit: *Injuriam fortis non facit;
ingenuus non fert;* et cette maxime est belle
et vraie. Le satrape Otanès, qui renonçait
à l'empire, sous la condition d'être indépen-
dant, pensait véritablement en homme : il
ne voulait ni commander, ni être commandé dans un état despotique. Un homme

d'honneur est aussi incapable d'attenter à la
liberté du tiers, que de laisser tranquillement asservir la sienne; mais un homme
d'honneur est presque un être de raison dans
un gouvernement despotique, ou du moins
un être inutile et ridicule; s'il n'est pas dangereux : c'est une plante *exotique* que l'on
aurait bientôt arrachée, si l'on pouvait redouter sa fécondité.

Dans le despotisme, il n'est point d'autres
moyens d'échapper à la servitude, que
d'être le satellite de la tyrannie (1). D'ailleurs, le désir de l'autorité, cette épidémie
la plus générale de l'humanité, gagne tous
les rangs et toutes les places. Les corps in-
termédiaires, opposés au régime arbitraire,
énorgueillis d'être les dépositaires de la
liberté publique (2), deviennent, avec de

_____

(1) Bien entendu que l'homme le plus décoré,
le plus élevé, le plus puissant, n'est encore, dans
ce gouvernement, que le premier et le plus exposé des esclaves.

(2) Il n'est pas inutile d'observer ici qu'ancien-
nement, en France, tous juges, de quelque qualité
qu'ils fussent, étaient responsables de leur jugement. Depuis, cette coutume fut restreinte et li-

bonnes intentions même, deviennent, dis-je,
tôt ou tard, mais toujours, esclaves ou despotiques ; ils servent au despote, ou le renversent, ou sont renversés par lui. Cette
marche est à peu près inévitable.

Ainsi, tout devient dangereux quand le
pouvoir arbitraire a jeté des racines.

Ainsi, pour citer un exemple plus frappant
et plus rapproché, les lois civiles et les lois
politiques ont, en France, un esprit contra-

---

mitée aux juges subalternes, qui n'étaient pas
juges royaux. (Voyez Etienne Pasquier, Recherc.
sur la France, lib. 2, cap. 4.) « Jusqu'à ce que
« finalement, ajoute-t-il, cette manière s'est du
« tout annihilée entre nous, ne nous étant pas
« demeuré pour remarque de toute cette ancien-
« neté, que les paroles sans effet ; car encore que
« nous fassions adjourner les juges comme vraies
« parties, si est que cela se fait à présent tant
« seulement pour la forme, demeurant dans la
« personne de l'intimité les frais et hasard des
« dépens ; et à la mienne volonté, que cette an-
« cienne coutume eût repris sa racine en *nous*,
« *pour bannir les ambitions effrénées* qui voguent
« aujourd'hui par la France, en matière de ju-
« dicature. »

dictoire. La loi civile est pleine de formalités prescrites pour la sûreté des biens et des personnes des citoyens. La loi politique n'a en vue que l'exécution prompte et une obéissance aveugle, sans égard aux droits, aux privilèges, et même à la vie des sujets. Quand la balance pourrait rester égale, ce qui n'est pas dans la nature, cette opposition entre ces deux portions de la loi, rend l'état du français pire que celui du turc, puisqu'il craint, d'un côté, tous les maux du despotisme, et de l'autre les lenteurs républicaines : les turcs courent en foule demander la tête du visir qui les opprime, et ils l'obtiennent.

Tout homme éclairé m'arrête ici sans doute, m'accuse d'erreur ou de faiblesse, et s'écrie : « Cette opposition existe, et nous » en sommes la proie ; mais elle n'est que le » combat de l'usurpation contre la loi, et » non la contradiction des deux portions de » la loi mal combinées. »

Sans doute, et le torrent de la servitude m'entraîne : cette crainte de la tyrannie, qui, dès les premières âges, emprunta le voile de l'apologue, pour rendre supportable l'austère vérité, altère aussi mon langage.

La plus belle contrée de l'Europe, la France, notre patrie, cette fille chérie de la nature, dont les richesses sont inconcevables et les ressources sans nombre, nous offre les tristes effets de l'autorité absolue. L'air qu'on y respire n'est plus celui de la liberté ; on ne peut ni décrire ses maux, ni déplorer sa situation ; les plaintes mêmes y sont interdites. Quand l'autorité tutélaire est despotique et menaçante, la *liberté* devient *licence, la vérité* est *un crime,* et *le courage* un *danger;* il n'est plus permis ni de *parler* ni *d'écouter* (1). *Les délations nous entourent; et nous eussions perdu la mémoire avec la voix, s'il était aussi bien au pouvoir de l'homme d'oublier que de se taire.*

Je ne prétends point développer ici les maladies intérieures dont la France est rongée ; je n'essayerai pas de peindre ses angoisses domestiques. Je m'en abstiendrai, par la raison qui empêchait un grand historien de l'antiquité de raconter les succès d'un tyran ; et je dirai avec lui : « Je m'ar-
» rête, et je ne sais si je suis plus retenu par

---

(1) Voyez l'épigraphe.

» la honte ou par le chagrin que m'inspire-
» rait une telle occupation (1). »

Mais qui peut oublier le degré de considération et de puissance que nous avons acquis
ou perdu, tandis que les événemens publics
nous le rappellent sans cesse ?

Avant que de fixer nos regards sur ce triste
parallèle, arrêtons-nous un moment sur un
reproche peut-être injuste, tant de fois répété à la nation, sans qu'on ait entrepris
d'y répondre, et d'où l'on semble induire
qu'elle devrait imputer à elle-même la plus
grande partie de ses malheurs et des vices
de sa constitution.

On a souvent dit que les français étaient
légers, inconséquens, inconstans (2); tous
nos livres sont remplis de déclamations contre notre frivolité. L'on pourrait sans doute
répondre beaucoup de choses à cette inculp-
ation.

On pourrait dire, par exemple, que l'on

---

(1) Salluste dit, à propos de Sylla : *Nam pos-
teà quæ fecerit incertum habeo pudeat magis
an pigeat disserere.* (Hist. de Jugurth.)

(2) « Quelquefois, dans César, qui est un de
» nos premiers parrains pour ce regard, il est

ne sait peut-être pas assez que la frivolité
est souvent l'annonce de l'esprit naturel;
on ajouterait encore que la frivolité des
français a pour cause principale l'ignorance,
si longue et si profonde dans laquelle ils ont
été plongés (1). Une imagination vive, et
qu'aucune occupation ne fixe, doit néces-
sairement ôter à l'esprit la consistance dont
il serait susceptible. Le gouvernement a toujours travaillé à augmenter cette frivolité
qu'on prend pour le caractère distinctif de
notre nation. Or, les *types* nationaux disparaissent toujours sous les efforts du gouvernement. Les habitans de *Lutèce* étaient,
sous *Julien*, penseurs, tristes et sombres
comme des habitans de marais. *Je les aime*,
disait-il, *parce que leur caractère, comme
le mien, est austère et sérieux*. Paris est
devenu une capitale immense; le gouvernement y a concentré la France presqu'en-

---

* advenu de nous baptiser de ce nom, dit Etienne
* Pasquier. *

(1) *Les seigneurs temporels ne savaient vivre*,
dit Froissart, *et n'étaient que comme bêtes, si
le clergé n'eût été.* (2°. vol.)

tière; les français sont devenus et ont dû
devenir frivoles : de même à la gravité romaine, l'agrandissement de la métropole et
les efforts du despotisme firent succéder la
légèreté et la frivolité que Juvénal reproche
à ses compatriotes (1).

Qu'on me permette encore une seule observation : les peuples qui habitent les régions mitoyennes, doivent certainement
avoir quelque ressemblance avec les peuples
des climats extrêmes. L'influence du climat,
qui n'est pas sans doute aussi puissant que
l'imaginait M. de Montesquieu, mais qui
cependant imprime des traces profondes sur
les hommes; l'influence du climat doit donc
multiplier les nuances, loin de donner un
caractère distinct à ces peuples; mais s'il se
trouve encore que la fertilité de la terre,
l'ambition des voisins, ou d'autres causes
aient dirigé dans ces contrées plusieurs invasions, tantôt des peuples du nord, tantôt de ceux du midi, chacun de ces
peuples conquérans y aura laissé nécessaire-

_____

(1) 10°. satire.

ment des enfans, et une partie quelconque de
ses usages.

De tout ce mélange de *sang et d'usages*,
il doit naturellement résulter une incons-
tance très-mobile dans le corps de la nation,
et dans chacun des particuliers qui la composent; car chacun de ces particuliers a
peut-être, dans la composition de son individu, du sang de dix nations différentes,
de climats et de mœurs.

Voilà précisément ce que sont les français;
ils ont un sang très-mêlé, très-heureuse-
ment modifié par le meilleur des climats,
mais absolument bouleversé, et presque dénaturé par une administration inouïe dans
toute l'Europe.

Quoi qu'il en soit de notre frivolité, pas-
sons condamnation, si l'on veut, peu nous importe : en quoi cette frivolité peut-elle avoir
influé sur l'administration publique ?

Les français, légers, inconséquens, inconstans, n'ont jamais ébranlé leur constitution. Cette *inconséquente légèreté* a toujours
été compensée par leur industrie, leur activité, leur esprit, je dirais leur *bonhomie*,
si l'on pouvait s'exprimer ainsi. Les guerres
civiles, le soulèvement du corps entier de

la nation, fruit de l'ambition effrénée ou de
l'implacable fanatisme, n'ont jamais autant
nui à la puissance de la France, que les
règnes des princes ou des ministres qui ont
visé au despotisme. Rappelons-nous que le
fier St.-Grégoire écrivait, dans le sixième
siècle, à Childebert II, roi d'Austrasie :
« Autant que la dignité de roi élève au-
» dessus des autres hommes celui qui la
» possède, autant la qualité de roi de France
» élève au-dessus des autres rois ceux qui
» en sont honorés. »

Suivons ensuite les continuels vestiges de
cette immense considération, et ne perdons
pas de vue que cinq cents ans de troubles
avaient laissé cet état si redoutable à l'Europe, qu'elle se ligua presque entière contre
Louis XIV.

Le calme le plus profond dans l'intérieur
pendant cent ans, fruit de l'engourdisse-
ment de la nation, minée par les manœuvres
du ministre qui tenait les rênes du gouvernement, administrateur faible et arbitraire,
hypocrite et intrigant comme un prêtre ambitieux, cent ans de calme, dis-je, ou plutôt d'une perfide bonace, ont abattu la
puissance, et détruit la considération dont

13

ce vaste et redoutable empire avait joui si
long-temps. Ses rois, autrefois suzerains
d'une île de l'Europe (1), qui fut la conquête d'un des vassaux de leur couronne,
reçoivent sur leurs mers, et presque dans
leurs ports, la loi de ce pays, si long-temps
notre tributaire, et sur lequel la nature
nous a prodigué tant d'avantages.

Nous avons vu l'un des états de l'empire,
dont le souverain fut à peine admis aux
honneurs de la cour du redoutable ennemi de
la Hollande (2), affronter toutes les forces
de la France réunies à celles de ses plus puissans voisins. « Que dites-vous, écrivait ce
» prince habile, mais qui doit tant à nos
» fautes, que dites-vous de cette ligue qui
» n'a pour objet que le marquis de Brande-
» bourg ? Le grand électeur serait étonné
» de voir son petit-fils aux prises avec les
» russes, les autrichiens, presque toute

_____

(1) Le territoire de l'Angleterre est à peine le
tiers de celui de la France, et la population y
est à peu près la même.

(2) On sent bien que je ne prétends parler ici
que de l'étiquette entre un roi et un électeur.

» l'Allemagne, et cent mille français auxi-
» liaires. Je ne sais s'il y aura de la honte à
» moi de succomber ; mais je sais qu'il y
» aura peu de gloire à me vaincre. »

Qu'est-ce donc qu'ont gagné nos maîtres,
en voulant nous asservir ? et combien ils
ont diminué de leur puissance réelle, en avilissant leur nation !

Il serait facile de développer les causes
d'une révolution si rapide et si humiliante ;
on peut même les indiquer dans une ligne.

Le fisc et l'autorité arbitraire nous ont
successivement assaillis.

Tout est renfermé dans ce peu de mots.

La vexation des barrières, la tyrannie des
lettres de cachet, l'illégalité de la levée des
deniers, le scandale des prodigalités, la
violation de toutes les propriétés remplacent
la considération du gouvernement. Les gouvernemens se mesurent comme les hommes :
s'ils prennent et affectent un ton haut et
dur, c'est qu'ils craignent qu'on ne le
prenne avec eux. Ainsi, les romains, opprimés au dedans, furent vaincus au dehors ;
et bientôt les empereurs devinrent les brigands de Rome, et cessèrent d'être les
maîtres du monde.

Mais le péril imminent de tracer ici des vérités, affligeantes et dangereuses, peut-il être compensé par l'espoir d'opérer quelque bien? Cette illusion, chérie des ames sensibles, est presque enlevée à qui réfléchit sur notre situation.

Jamais, jamais mon cœur ne sera flétri par une honteuse déférence pour le despote; jamais mes lèvres ne seront souillées par un infame hommage rendu au despotisme (1); mais que peuvent pour ma patrie des vœux stériles et des reproches impuissans? Quatre siècles bientôt révolus ont vu commencer et perfectionner l'ouvrage de son abaissement, et dans quelques instans sa servitude sera consommée. Nous pouvons nous appliquer ce que *Cicéron* disait à *Atticus*, en lui parlant des progrès de César. *Nous résisterons trop tard à l'ennemi que*

---

(1) C'est un engagement que peu d'écrivains oseraient prendre sous un gouvernement arbitraire. L'éloge le plus flatteur que donne Tacite à Pison, chef des pontifes, c'est de l'appeler: *Nullius servilis sententia sponte auctor*, M. de Thou applique cet éloge au chancelier François Olivier, pag. 23 de son histoire.

nous avons nourri si long-temps dans notre sein (1). Notre enthousiasme pour nos rois, notre présomption, et surtout l'ignorance si longue des droits de l'homme, nous ont fait courir au devant de nos chaînes : elles étaient déjà resserrées, que nous n'avions point encore aperçu celui qui nous en chargeait.

Combien de fois n'a-t-on pas loué en France le ministère du cardinal de Richelieu (2)? Ces louanges lui seraient très-justement acquises, s'il avait été chargé de détruire la nation ; mais elles sont la honte des français. Ce célèbre instrument du despotisme, ministre d'un roi faible, haineux et violent, ce politique audacieux et supérieurement intrigant, qu'on ne jugea de son temps qu'avec des yeux obscurcis par la terreur, ou aveuglés par la haine, et que l'on

_____

(1) Serò resistemus et quem per decem annos aluimus contrà nos.

(2) Il n'y a que deux ans que M. Gaillard, dans un discours de réception à l'Académie, fort bien fait, a osé ne pas le louer indistinctement sur tout : il est le premier qui ait donné cet exemple de courage et de bonne foi.

n'aperçoit aujourd'hui que d'un regard fasciné par les préjugés ; le fameux Richelieu, si souvent exalté, peint tant de fois, et presque toujours si mal jugé, sapa par les fondemens le gouvernement, qui fut trop long-temps entre ses mains pour le bonheur de son pays. Profondément occupé de sa gloire, et surtout de son crédit, de sa puissance, de son despotisme, auquel il sacrifia toujours et sans cesse tous autres motifs, il a feint de croire que les français étaient incapables de rester attachés à des règles fixes, et qu'ils avaient besoin qu'un maître absolu fixât leur mobilité.

C'est au milieu de ce peuple cependant que le restaurateur de l'empire d'occident avait jeté, huit cents ans auparavant, les fondemens les plus solides d'un empire que des princes faibles, stupides, et des tyrans n'avaient pu renverser.

Ce n'est pas que Charlemagne, génie beaucoup plus élevé sans doute que l'homme d'état, rival et persécuteur de Corneille, n'eût d'autant plus désiré peut-être le pouvoir arbitraire, qu'il était plus en état d'en supporter tout le faix, et que l'ignorance de son peuple opposait plus d'entraves à ses

grandes vues; mais le conquérant et le législateur de l'Europe presque entière, le
fondateur de tant d'états, qui fit trembler
sur son trône le singe abject des anciens empereurs, comprit qu'il était impossible
qu'un homme gouvernât seul un grand état;
il sentit qu'il était également nécessaire
pour les mœurs et pour l'autorité, d'établir
une hiérarchie clairement indiquée par la
nature (1). Charlemagne fut le premier instituteur de *l'ordre féodal*, qui n'était, auparavant lui, qu'un chaos anarchique et contradictoire à toute espèce d'ordre. Il connaissait bien sa nation; il connaissait bien
les hommes; il sentit qu'on ne leur persua-

---

(1) C'est en effet un des maux du despotisme,
d'anéantir toute hiérarchie, et d'obscurcir toutes
les nuances : tout le monde est également vil ; il
ne saurait y avoir alors ni supérieur, ni subalterne.
Il est devenu impossible, par exemple, au soldat
d'estimer ses officiers dégradés et avilis ; et dès-
lors, il est au-dessus de l'humanité de respecter
par devoir ce qui n'est pas en effet respectable ;
et il est au-dessous de la brute d'oser concevoir
le projet de faire estimer ce qui n'est pas estimable.

dernit jamais qu'un seul pût donner sa volonté pour loi, et que le français ne méri-
tait pas que son maître conçût un projet si
barbare.

Cette idée, presque innée parmi les esclaves de l'Orient, n'était point venue dans la
pensée des peuples libres du nord, de la
Germanie et des Gaules. L'Europe, si l'on
en excepte l'Italie et l'Espagne, où la servitude fut introduite par Auguste, qui eut
des successeurs plus méchans que lui, parce qu'ils avaient moins de talens; l'Europe,
dis-je, ne connaissait pas cet esprit d'esclavage qui s'y est depuis répandu; esprit qui
a créé la *certaine science*, *pleine puissance*,
et le *car tel est notre bon plaisir*; sorte de
protocole qui fera regarder notre style, par
la postérité, comme celui de la bassesse et
de la servitude, et dont Juvénal, au centre de la tyrannie, avait laissé le modèle
dans ce vers fameux:

Sic volo, sic jubeo: sit pro ratione voluntas.

Il arriva à l'ordre féodal la révolution ordinaire dans toutes les institutions humaines, c'est-à-dire, que la balance pencha.
L'autorité royale fut trop affaiblie. On ne

doit point attribuer cette faute à Charlemagne ; des têtes faibles voulurent soulever l'é-
norme fardeau dont il avait sagement déter-
miné le levier. Le défaut général d'instruction et de principes rendait sa législation iu-
suffisante , du moment où elle n'était plus,
soutenue par le génie du législateur ; mais il
avait senti sans doute que le despotisme est
l'ennemi le plus cruel de l'humanité, et
même de l'autorité souveraine : tout autre
inconvénient était moindre.

Peut-être Richelieu n'avait-il pas saisi cette
belle idée ; peut-être n'avait-il pas assez de
génie pour la concevoir : il en fallait beaucoup, sans doute , pour modérer les écarts.
de ses passions et de son audace.

Le dernier effort de raison et d'humanité
auquel un souverain puisse atteindre ; tout
ce que peuvent la vertu la plus pure et les
talens les plus supérieurs réunis, la conduite
du nouveau roi de Suède nous l'offre, et
Trajan seul en avait donné l'exemple (1).

_____

(1) Trajan offrit aux romains de leur rendre
leur liberté : il était revêtu du despotisme ; mais
celui qu'il s'acquérait par cet acte de générosité
n'était-il pas cent fois plus doux et plus sûr à
exercer ?

Gustave, assez hardi pour oser donner de justes entraves à la licence effrénée du sénat de Suède, assez habile pour y réussir, et pour établir un ordre fixe au sein de l'anarchie qui dévorait sa patrie, a été assez grand, assez humain, assez éclairé pour dédaigner le pouvoir arbitraire, lorsqu'il pouvait le retenir; pour fouler aux pieds la vengeance, et se dépouiller du glaive militaire, lorsque rien ne pouvait l'arracher de ses mains, au moment même qu'il venait d'échapper aux trames des factieux conjurés contre l'autorité tutélaire. Oui, j'ose le dire, et cet hommage est écrit d'une main que ne souillèrent jamais l'imposture et la flatterie, le nouveau Gustave est l'honneur du trône, et sera le héros de ce siècle.

Richelieu visait au despotisme personnel, bien plus qu'à augmenter l'autorité royale; il parvint à son but par des moyens hardis et sûrs. Il séduisit par la corruption, et effraya par l'activité de sa violence. Son génie perçant, opiniâtre, fécond en ressources, indifférent sur la nature des moyens, ne se proposa jamais d'autre objet que de rendre arbitraire l'autorité qu'il avait absorbée tout entière. Tout occupé de l'inté: et de sa

puissance, il ne voulut pas voir qu'il ne
pouvait pas remplacer par la force et par
des caprices, des lois fondamentales (en
France, comme en tout autre pays, parce
qu'elles sont absolument nécessaires à toute
société, et que le droit naturel est partout
la base (1) de ce qu'on appelle *les codes* ou
plutôt *les droits fondamentaux*); il n'aperçut pas que l'édifice, ébranlé dans toutes ses
parties, s'écroulait par une extrémité, tandis qu'il cherchait à l'étayer par l'autre; il
aima mieux dire que le peuple, qu'il en-
chaînait à son char (car la nation rampait
déjà dans la servitude), n'était pas capable
de suivre long-temps le même système, que
de prendre le seul que toute société puisse
adopter, je veux dire *un bon gouvernement*.

Mais comment espérer un bon gouvernement dans le pays où l'administration est
dirigée par l'opinion arbitraire d'un seul,

---

(1) Ce seul mot décide l'étonnante question sur
l'existence des lois fondamentales; car une des premières exigences de la loi naturelle, est que le législateur puise sa législation au sein de cette loi
même, et qu'il ne substitue jamais ses caprices
arbitraires aux principes invariables de la nature.

et où elle n'est point fixée par des principes invariables, et contenue par l'instruction qui rend générale la connaissance des lois naturelles, et leur infraction notoire? Quelle sorte de délire ne résultera pas de cette aveugle et avilissante subordination, que les langues esclaves ont désignée par ces mots dénaturés, *obéissance*, *devoir?*

Dans la nécessité de choisir, il faudrait préférer, sans balancer, une autorité faible et incomplète, à un pouvoir illimité, dans quelque main qu'il soit déposé. La licence des éphores vaut mieux encore que l'insolence des visirs. L'autorité faible ne saurait procurer sans doute un gouvernement heureux et prospère; mais le despotisme est affreux, et ne laisse d'autre refuge que la mort, s'il parvient entre les mains d'un prince féroce et stupide (1); il est encore le régime

---

(1) Tacite dit, après la peinture énergique d'une peste qui avait ravagé Rome sous l'empire de Néron : « *Equitum senatorumque interitus, quamvis promiscui, minus flebiles erant, tanquam communi mortalitate savitiam principis prævenirent.* » Ainsi, sous le règne d'un tyran, dit Gordon, la peste était un bonheur.

politique le plus effrayant, quand le prince
ne serait que peu éclairé; il est très-redouta-
ble sous un despote habile, quoi qu'en ait
écrit le roi de Prusse, qui, sans doute, avait
ses raisons pour établir les principes contraires (1); car alors le despotisme en devient plus absolu, et son successeur peut
et doit être un mauvais prince. Ne doit-on
pas attribuer à César tous les excès horribles
de ses successeurs? N'est-ce pas le plus
grand des crimes que d'avoir frayé le chemin du trône aux Caligula et aux Domi-
tien?

Dans cet ordre féodal, dont on a tant
médit, c'était du moins une maxime constante, que *nul homme ne pouvait être taxé
que de son consentement*. Ce principe renferme le premier droit et le premier garant

---

(1) « Rien de meilleur, dit-il, que le gouver-
« nement arbitraire, mais sous des princes hu-
« mains, justes et vertueux; rien de pis sous le
« commun des rois. »

Le plus grand des philosophes, Socrate, et ses
dignes élèves, Xénophon et Platon, ne pensaient
pas ainsi; quand ils ont dit : *Que la monarchie
modérée était le seul bon gouvernement.*

de la liberté ; car les despotes corrompent et séduisent avec l'or ; ils gagent des satellites, des espions, des délateurs ; et les vexations illégales se multiplient à mesure que la soif de l'or augmente, et que la facilité de s'en procurer diminue.

Charles VII, sous le règne duquel la féodalité reçut les premières atteintes ; Charles VII fut le premier qui, par un simple édit, et sans le concours des états-généraux, leva des subsides extraordinaires sur son peuple ; acte de despotisme le plus formidable de tous, et dont Louis XI, digne d'en être l'inventeur, se garda bien de négliger l'exemple.

C'est à ce Charles VII cependant que Jean Juvenel, archevêque de Reims, disait en plein conseil : « On m'a rapporté qu'il y » avait en vostre conseil un qui, en vostre » présence, dit à propos de lever argent » sur le peuple, dont on alléguait la pau- » vreté, que ce peuple toujours crie et se » plainct ; qui fut mal dit en vostre présence ; » car c'est plus parole qui se doit dire en » présence d'un tyran inhumain, non ayant » pitié et compassion du peuple, que de » vous qui estes roi très-chrétien. Quelque

» chose qu'auscuns dient de votre puissance
» ordinaire, *vous ne poves pas prenre le*
» *mien; ce qui est mien n'est point vostre.*
» En la justice, vous estes souverain, et va
» le ressort à vous; vous avez vostre domai-
» ne, et chascun particulier a le sien (1). »

Si les levées illégales commencèrent dès
Charles VII, on voit du moins qu'on osait
lui dire, même à la cour, qu'il entreprenait
au-delà de son droit. Eh! quel progrès n'a
pas fait depuis la soif du despotisme et le ferment de la cupidité? Mais aussi quel progrès n'a pas fait la servitude, puisqu'on
consacre aujourd'hui, par d'infâmes apo-
logies, des excès de tyrannie, dont on repous-
sait alors avec tant de force les premiers
essais?

On serait trop effrayé, trop dégoûté peut-
être de vivre en société, si l'on observait
d'un œil attentif avec quelle rapidité toutes
nos constitutions européennes, si l'on en
excepte une seule, s'accélèrent vers le *des-*
potisme, et entraînent ainsi dans la pros-

_____

(1) Joly, dans les *Notes sur les Opuscules de Loy-*
sel, pag. 490.

cription la plus redoutable la plus belle contrée de l'univers.

Quelle variation dans nos priviléges, dans nos coutumes, dans nos lois, à nous français, peuple doux et imprudent, qui, du plus haut degré d'une liberté, peut-être trop peu éclairée, s'est précipité vers l'esclavage le plus profond et le plus resserré !

Un écrivain (1), plus connu par son dévouement au ministère et par ses ménagemens adroits et lucratifs, que par ses talens littéraires, vient de promettre solennellement d'attaquer l'authenticité de nos anciens priviléges, et s'est engagé à prouver, entre autres thèses tout-à-fait nouvelles, et surtout précieuses à la nation, que l'autorité législative ne *fut jamais placée dans les Champs-de-Mars, et les assemblées qui leur succédèrent.*

Il prouvera sans doute aussi que le mo-

_____

(1) M. Moreau (*Leçons de morale, de politique et de droit public, puisées dans l'histoire de notre monarchie, ou Nouveau Plan, etc.*) Paris, chès Moutard, 1773.

C'est à cette époque que l'*Essai sur le Despotisme* devait paraître.

narque possédait seul cette autorité; car c'est
une conséquence nécessaire de sa première
proposition.

Il nous promet encore d'établir que le
chef suprême *appelait et excluait* qui il
voulait de ces assemblées; et que chacun des
membres qui y assistaient, *n'avait que des
conseils à donner, et non des suffrages.*

Cet auteur, il faut en convenir, s'est imposé une belle tâche, et surtout il s'est
voué à une occupation vraiment patriotique,
vu les circonstances et l'objet.

Il va détruire bien des préjugés, et renverser un grand nombre de vieilles erreurs.

Il établira, par exemple, malgré tout ce
qu'on croyait savoir à cet égard, qu'il est
faux que le premier acte de législation de
nos rois date de la fin du douzième siècle,
et que l'ordonnance de Philippe-Auguste,
de 1190, que l'on regardait comme le premier monument de leur pouvoir législatif,
a été précédée de beaucoup d'autres édits.

Il nous expliquera les propres mots de Clotaire, qui dit, en parlant des assemblées du
Champ-de-Mars : *on les convoque, parce que
tout ce qui regarde la sureté commune, doit
être examiné et réglé par une délibération*

commune; et je me conformerai à tout ce qu'elles ont résolu. Et ailleurs, Clotaire répond aux ambassadeurs de la reine Brunehault, « qu'il faut convoquer une assemblée » de la noblesse, et délibérer en commun des » affaires communes. (Clotarius respondit » conventum nobilium debere eam aggrega- » re francorum, ET COMMUNI TRACTATU DE » COMMUNIBUS CONSULERE REBUS (1). »

Il traduira, selon son opinion, ces mots qui se trouvent dans une ordonnance de Childebert, de 635 : « Nous avons traité quel- » ques affaires à l'assemblée de Mars avec » nos barons, et nous en publions aujour- » d'hui le résultat, afin qu'il parvienne à la » connaissance de tous (2). »

Il voudra bien renverser le témoignage du savant Bouquet, qui, travaillant par ordre et sous les yeux du gouvernement, s'expli-

---

(1) Aimoin, de Gest. Franc., l. 4, c. 1, apud Bouquet, recueil 3.

(2) Bouquet (ibid., tom. 6, p. 3) et dans une autre ordonnance : Nous sommes convenus, avec le consentement de nos vassaux, etc. Ibid., §. 2.

que ainsi dans la préface des lois saliques (1) *dictaverunt salicam legem proceres ipsius gentis, qui tunc temporis apud eam erant rectores; sunt electi de pluribus viri quatuor, qui, per tres mallos convenientes, omnes caussarum origines sollicite discurrendo, tractantes de singulis, judicium decreverunt hoc modo.*

Il nous mettra en garde contre cet autre passage très-singulier, relatif aux Champs-de-Mars, et tiré des auteurs des Annales des Francs : *Sedebat in sella regia, circumstante exercitu; praecipiebat is die illo quidquid a francis decretum erat.*

_____

(1) Ibid., p. 22; et ailleurs, idem, p. 124 : « *Hoc decretum est apud regem et principes ejus, et apud cunctum populum christianum, qui in irâ regnum Merwingorum consistunt.* » Voyez dans M. de Mably (*Observ. sur l'Hist. de France*), dans des chartes accordées par des rois de la première race : « *Ego Childerbertus rex, unâ cum consensu et voluntate francorum*, etc. (*Annal. 558*). Ibid., 622 : *Clotharius III, unâ cum patribus nostris episcopis optimatibus caterisque palatii nostri ministris. Ann. 664 : De consensu fidelium nostrorum.* »

Il nous expliquera pourquoi Pepin l'habile, l'audacieux Pepin (qui, une fois arrivé au trône, possédait absolument l'autorité législative, puisqu'elle était l'apanage de la souveraineté); pourquoi Pepin, dis-je, quand il associa Charles et Carloman, ses deux fils, à la couronne, sous le consentement de l'assemblée nationale, se servit de cette formule si connue, *unâ et cum consensu* (1), etc. L'usage le plus ordinaire des rois n'est pas de céder dans la forme ce qui leur revient dans le droit.

M. Moreau joindra à toutes ces instructions une réfutation d'Eginhart, secrétaire, historiographe et gendre de Charlemagne, et par conséquent si à portée d'être bien instruit de la constitution. Cet Eginhart dit expressément, *que les francs confirmèrent le choix de Pepin à sa mort;* et ce qui est bien plus concluant et bien plus *attentatoire* à l'opinion de M. Moreau, *qu'ils limitèrent leurs états respectifs* (2).

Plus ce nouvel antiquaire avancera dans

----

(1) Voyez p. 85, note 1.
(2) 768.

la carrière, plus ses travaux augmenteront, et plus sans doute nous lui devrons de reconnaissance.

Ses recherches profondes nous apprendront comment le plus grand et le plus puissant prince qui ait jamais existé, comment Charlemagne (1), s'il avait cru toute l'autorité législative concentrée dans ses mains, aurait dit dans la charte qu'il donna pour le partage de ses domaines, dans le cas où il y aurait incertitude sur le droit des différens compétiteurs à la couronne *celui d'entre eux que le peuple choisira, succédera à la couronne*; car c'est une anecdote bien singulière pour l'histoire philosophique de ce prince et de ce siècle. M. Moreau nous dira pourquoi ce prince assembla si exactement, une ou deux fois l'an, les *conventus malli* ou *placita* (2), qui se tinrent régulièrement sous cette dynastie, lui dont le génie pouvait sans doute supporter seul tout le faix de la législation.

_____

(1) *Capitul.*, vol. 1, p. 442.
(2) Noms des assemblées de la nation, sous la seconde race.

M. Moreau joindra à ses savantes leçons un commentaire du traité d'Hincmar (1) *De ordine palatii*; important et précieux monument de nos antiquités; recueil de points de fait, d'où l'on pourrait lui susciter bon nombre d'objections embarrassantes, et dont la résolution est digne de lui.

C'est dans ce traité qu'il trouvera la preuve de l'exactitude avec laquelle Charlemagne convoqua toujours les assemblées de la nation deux fois par an. Dans l'une, se réglait l'état de tout le royaume; dans l'autre, on fixait les dons généraux (2).

C'est dans ce même traité que M. Moreau notera ce passage si formel et si peu suspect, puisqu'après avoir établi l'usage constant de *la discussion amiable* entre les sujets et le souverain, Hincmar rend témoignage de la subordination constante de ceux-là, lorsque

---

(1) Archevêque de Reims.

(2) *Consuetudo autem tunc temporis talis erat, ut non sæpius, sed bis in anno, placita duo tenerentur, unum quando ordinabatur status totius regni... Propter dona generaliter danda aliud placitum, etc. etc.* (De ordin. palat., c. 29.)

le prince les avait entendus *aussi long-*
temps qu'ils voulaient lui parler, lorsqu'il
avait admis leurs raisons, leurs contradictions et leurs conseils. « *Quanto spatio vo-*
» *luissent cum eis consisteret, et cum*
» *omni familiaritate qualiter singula re-*
» *perta habuissent referebant, quantacum-*
» *que mutua disputatione seu amica con-*
» *tentione decertassent apertius recitabant...*
» *donec res singulæ ad effectum perductæ*
» *gloriosi principis auditui in sacrisque ob-*
» *tuitibus exponerentur, et quidquid sa-*
» *pientia ejus eligeret omnes sequeren-*
» *tur* (1).

Le lecteur remarquera que c'est A LA SA-
GESSE DE CHARLEMAGNE qu'Hincmar assure
que les français s'en rapportaient toujours.

Il ne laissera pas que de rencontrer, dans
les Capitulaires mêmes, des difficultés que
lui seul peut lever. Il trouvera, par exemple
une loi de l'an 803, qui ordonne que « lorsqu'il
» s'agira d'établir une nouvelle loi, la pro-
» position en soit soumise à *la délibération*
» du peuple, et que, s'il y a donné son con-

---

(1) *Ibid.*, anno. 802, cap. 34 et 35.

» sentirent, il la ratifiera par la signature
» de ses représentans (1). »

Il trouvera dans un édit de Philippe-le-
Bel (2), par lequel ce roi promet d'établir
deux parlemens à Paris, ces propres mots
qui méritent quelques notes : « *Præterea ,*
» *propter commodum subjectorum et expedi-*
» *tionem caussarum , proponimus ordinare*
» *quòd duo parlamenta Parisiis et duo sca-*
» *taria Rothomagensia , et dies trecenses bis*
» *tenebuntur in anno , et quòd parlamentum*
» *apud Tholosam tenebitur , si gentes præ-*
» *dictæ terræ sentiant , quòd non appelle-*
» *tur à præsentibus in parlamento. »*

Il trouvera dans le *Recueil des historiens*
de France (3) une lettre de Hugues Capet à
l'archevêque de Sens , où l'on trouve ces
propres termes : « que , *ne voulant point*
» *abuser de la puissance royale* , il règle
» toutes les affaires de la chose publique
» *par le conseil et l'avis de ses fideles. (Re-*
» *gali potentia in nullo abuti volentes,* om-

_____

(1) *Capitul.* , vol. 1 , p. 194.
(2) 1302.
(3) Tom. 10 , p. 392.

» nia negotia reipublicæ in consultatione et
» sententiâ fidelium nostrorum disponi-
» mus). «

Il trouvera beaucoup d'ordonnances de la
troisième race (sous Louis VI, Louis VII,
Philippe-Auguste, Saint-Louis), qui spéci-
fient très-clairement *le conseil, consentement,
volonté, concours des prélats et seigneurs,
des barons, des fidèles* (1), comme nécessaires à la sanction des actes législatifs.

Mais il trouvera surtout dans le code des
lois normandes (2), conservées, pour la plupart, dans la coutume de Normandie, et
qu'on peut regarder comme le recueil législatif où sont consignées les lois et coutumes
anciennes de l'Europe ; il trouvera, dis-je,
dans ce code ce texte précis, et qui paraît
n'admettre aucune réplique contradictoire :

_____

(1) Ordonnances des années 1118, 1128, 1137,
1158, 1209, 1228, 1246, etc., etc.

(2) *Codex legum normanicarum, edente Ludwig,
cap. 1, §. 1, tom. 5. Dereliquiæ manu-scriptorum, etc. (In præfatione notat Ludwig, has
leges sæculi decimi tertii coævas.*)

14

» *Quoniam ergo leges et instituta, quæ*
» *Normanorum principes, non sine magna*
» *provisionis industria prælatorum, comitum*
» *et baronum, nec non et cœterorum viro-*
» *rum prudentium consilio et consensu, ad*
» *salutem humanam fœderis statuerunt,*
» *etc, etc.* »

M. Moreau observera sans doute que
Ludwig, éditeur de ce code, célèbre juris-
consulte, défenseur de Frédéric Ier (1),
qui ne déguisait pas son goût pour le despotisme; il observera, dis-je, que Ludwig
établit, comme base du droit germanique, LA
NÉCESSITÉ DU CONSENTEMENT DES TROIS ORDRES.
Voici les propres termes de son commentaire : «*Est hoc homini germano imo dis-*
» *cendum et notandum quòd legislatoria*
» *potestas uti in imperio non penes impera-*
» *torem solum; verùm etiam ordines in co-*
» *mitiis : ità in provinciis quoque principi*
» *soli non licuit condere leges, nisi in con-*
» *cessu consensùque procerum provincia-*
» *lium (der lanstaende) ; ut adeò provincia-*

---

(1) Dans ses discussions pour la principauté de
Neuchâtel.

» *les leges nomen sustinerint provincia-*
» *lium necessuum in vernaculâ. (Der lantags*
» *abschiede) , etc. etc.* »

« On pourrait conclure , ce me semble ,
sans sortir des règles de l'analogie, pour la
France occidentale , d'après les lois de la
France orientale (1).

Il serait trop long de parcourir la cen-
tième partie des difficultés que M. Moreau
s'engage à résoudre ; et je finirai par ces mots
de Pasquier, qu'il froudolera sans doute
aussi facilement que tous les autres, mais
qui sont assez singuliers pour être rapportés
ici.

« Pourquoi *Capet*, plus fin que vaillant ,
» et qui, par astuce seulement, était arrivé
» à la couronne, fit, au moins mal qu'il put,
» une paix avec tous les grands , ducs et

---

(1) L'Europe offre partout les mêmes lois. En
Danemarck, où l'on a toujours asservi les hommes,
je trouve cette inscription des lois danoises : « *Le-*
» *ges danicæ, à Woldemno editæ anno* 1200,
» *in parlumento danico ex consensu meliorum*
» *regni.* » (Ludwig , *Reliquiæ manu-scriptorum,*
tom. 12.)

» comtes, qui commencèrent dès-lors à le
» recognoître seulement pour souverain, ne
» s'estimant, au demeurant, guère moins
» en grandeur que lui; et certes quelques-
» uns, non sans grande apparence de rai-
» son, sont d'advis que la première institu-
» tion des pairs commença adonc entre
» nous (1). »

Il sera beau voir M. Moreau discutant
avec une érudition profonde, et surtout une

---

(1) Voici un passage de Montaigne, bien ana-
logue à celui de Pasquier : « César appelle roitelets
« tous les seigneurs ayant justice en France de son
« temps. De vrai, sauf le nom de sire, on va bien
« avant avec nos rois; et voyez aux provinces
« éloignées de la cour, nommons Brétaigne, par
« exemple, le train, les sujets, les officiers, les
« occupations, le service et cérémonie d'un sei-
« gneur retiré et casanier, nourri entre ses valets;
« et voyez aussi le vol de son imagination, il n'est
« rien de plus royal. Il oit parler de son maître
« une fois l'an, comme du roi de Perse, et ne le
« recognoît que par quelque vieux cousinage, que
« son secrétaire tient en registre. A la vérité, nos
« lois sont libres assez, et le poids de la souverai-
« neté ne touche un gentilhomme français à peine
« deux fois en sa vie. »

sagacité franche et impartiale, tous ces passages, accompagnés d'une foule d'autres, qu'il rapportera fidèlement, sans en tronquer aucun, et qu'il choisira sans doute parmi ceux qui semblent les plus défavorables à son opinion.

Mais un écrivain *aussi philosophe*, et *surtout aussi honnête*, ne s'en tiendra pas à ces recherches : il sait que les citations sont toujours détruites par d'autres citations, les autorités opposées à d'autres autorités ; il sait qu'on suppose rarement de la bonne foi dans ces sortes de discussions, et que plusieurs écrivains ont, à trop bon droit, donné de la méfiance pour ce genre polémique.

Il sait que la plus vile des servitudes est celle de l'esclave qui vend sa plume et ses principes, comme la plus odieuse tyrannie est celle qui s'exerce sur les pensées (1), et

---

(1) *L'esclavage*, dit Cicéron, *est l'assujétissement d'un esprit rampant et comprimé, qui n'est pas maître de sa propre volonté Servitus obedientia est fracti animi et abjecti, arbitrio carentis suo.* (Cic. , paradox. 5, c. 1.)

14*

qu'un honnête homme ne saurait trop écarter le plus léger soupçon d'un tel trafic.

Il n'ignore pas que le président Hénault (ou celui que ce magistrat a copié), vendu à la cour, a traduit, au grand scandale de la nation, ces mots : *ex consensu populi*, par ceux-ci : *dans l'assemblée du peuple* ; traduction certainement intolérable, à ne considérer que littérairement le seul mot *consensus* ; mais dont le mot *ex* découvre bien évidemment la lâche intention (1) ; car les mots *ex* et *in* n'eurent jamais la même signification ; et il est impossible de s'y tromper de bonne foi.

M. Moreau est trop instruit, pour ne pas savoir que la cour, qui achète et corrompt tout et tous, a porté la précaution jusqu'à falsifier les Capitulaires de Charlemagne dans les nouvelles éditions des ordonnances, où on les chercherait en vain (surtout dans ce qui concerne les états-généraux), ressemblant au texte qu'on lit dans Baluse.

_____

(1) Il est une autre preuve bien plus formelle encore de cette *intention* : c'est que les mots *ex consensu* sont précédés de ceux-ci : *in parlamento*.

D'ailleurs, M. Moreau, *homme d'état et philosophe*, a pensé plus d'une fois que rien n'importe moins aux hommes que les chicanes et les subtilités de la jurisprudence diplomatique; il ne doute pas que leurs droits imprescriptibles n'existassent également, quand ils ne seraient pas écrits.

Après les savantes discussions qui le feront triompher sur les points de fait, il établira avec évidence qu'il est possible, vu les mœurs connues des premiers francs, tous les monumens qui nous restent de leurs anciennes institutions, de leurs usages, de leurs maximes, des principes féodaux qui leur servirent si long-temps de code; il établira, dis-je, qu'il est possible (1), que

_____

(1) Tacite dit expressément : *Que le consentement de tous les membres de la société était nécessaire dans les délibérations prises par les germains : De minoribus rebus principes consultant, de majoribus omnes;* et l'on trouve (*Mor. Germ.*) ces propres mots, que je suis bien aise de citer, dans la crainte qu'ils n'échappent à M. Moreau : « *Mox rex vel princeps, prout ætas cuique,* » *prout nobilitas, prout decus bellorum, prout* » *facundia est, audiuntur, auctoritate suadendi*

le pouvoir législatif absolu se soit trouvé *uniquement placé* sur la tête du chef, sans nulle espèce de modification, qu'une simple *consulte d'apparat*, et non de *réalité*; puisqu'au droit de *conseil* ne se réunissait jamais celui de *suffrage* : tel est donc le plan simple et complet de M. Moreau.

Il nous montrera que, malgré la présomption qu'inspirent les coutumes des germains, nos pères, malgré les textes des plus anciennes lois septentrionales (ripuaires, bourguignones, etc.), des capitulaires, des lois saxones et germaniques, (bases des lois anglaises, françaises, l'on peut dire même européennes; car, selon l'observation de Ludwig, l'Europe n'avait, dans l'ancien temps, QU'UNE LANGUE ET UNE LOI : *In Euro*-

---

* *magis quàm jubendi potestate*, que M. d'Alembert traduit ainsi, presque littéralement : *Alors le roi, ou le chef, ou tout autre sont écoutés, selon le rang que leur donnent l'âge, la noblesse, la gloire des armes, l'éloquence. L'autorité de la persuasion est plus forte que celle du commandement.*

On lit dans ce même passage de Tacite ces propres mots : *Nec regibus infinita aut libera potestas; et duces exemplo potius quàm imperio.*

ped... fuisse unum grammaticum, et legisla-
torem) (1) ; il nous montrera, dis-je, que,
malgré la mention expresse des ordonnances de la troisième race, la révolution, dont
il annonce les preuves, s'est légalement
opérée.

Il nous démontrera surtout avec une
évidence capable de nous inspirer une profonde sécurité, que l'autorité législative,
remise entre les mains d'un chef indépen-
dant des lois, puisqu'il pourra toujours en
substituer d'autres, et ne sera jamais arrêté
par aucun tribunal compétent, pas même
par celui de la nation assemblée ; il nous
démontrera, dis-je, que cette autorité ne
pourra jamais dégénérer en despotisme ;
car, si cela se peut, la question est décidée :
je reclame pour les droits des hommes ; je
proteste pour moi, pour mes enfans, pour
tous mes semblables. Le despotisme n'est
pas et ne saurait être une forme de gouvernement ; et l'administration qui pourrait y
conduire une nation, serait un brigandage
criminel, funeste, et contre lequel tous les
hommes doivent se liguer.

_____

(1) *Reliquiæ manu-scriptorum, etc.* (Præfatio.)

S'il s'agissait d'être soumis au pouvoir arbitraire, pourquoi des recherches? pourquoi des réglemens civils? pourquoi des lois criminelles? Offrons-nous au glaive, nos maux seront plutôt terminés...

Mais dans quels piéges vais-je tomber!... Je parle à des philosophes exempts de préjugés et de passions, et près de qui je passerai pour un déclamateur forcené!... Ils dénonceront sans doute cet ouvrage comme un véritable signal de révolte. « La longue » expérience des hommes et des choses » leur a appris que le peuple heureux était » insolent; qu'il était nécessaire de lui faire » sentir ses chaînes, et que l'esprit de *liber-* » *té*, inséparable du *fanatisme*, était le père » de la *rebellion* et de la *licence....* »

Je connais depuis long-temps ces maximes tant répétées par les esclaves des cours; je sais qu'à leur gré *les peuples sont encore trop heureux de n'être pas réduits à brouter des terres désertes et stériles...*(1).

_____

(1) Mot affreux, adressé par l'atroce Bullion à Louis XIII.

On peut dire des infâmes adulations des courtisans sans cesse occupés à animer et servir les pas-

Oui sans doute, quelques êtres plus faibles de corps et d'esprit que le reste des humains, doivent commander despotiquement à des millions d'esclaves ; et c'est un effort de générosité, que de leur laisser de quoi sustenter leur misérable vie.... Ce principe est humain, il est raisonnable ; et dans un siècle où les arts, la science et la philosophie fleurissent à l'envi, c'est à bon droit qu'on ne s'étonne pas que la Pologne et le Danemarck soient fécondés et nourris par des *serfs*, et que l'Allemagne et la France elle-même en renferment.

Ceux dont le cœur ne s'est pas brisé en entendant que les quatre-cinquièmes de l'humanité devaient être malheureux, pour assurer la tranquillité de quelques hommes (Eh ! quelle tranquillité !), pour leur procurer des plaisirs et des jouissances, croiront aisément tout le reste.

Ceux qui ont osé nous vanter *le despotisme oriental*, et auxquels l'indignation publique n'a pas interdit le *feu et l'eau* ;

---

sions du maître, qu'ils les excitent : *Quasi jam non satis sud sponte furtent.* (Terent., Adolph.)

doivent attaquer la liberté dont ils ne sont pas dignes. Mais il est encore des hommes honnêtes, qui déploreront le stupide aveuglement des uns, et frémiront en entendant les autres.

Les apologistes du despotisme devraient être déclarés *exleges* (1), c'est-à-dire, destitués de toute protection de la part du roi et de la loi, infâmes, indignes de toute créance, déchus de tous droits, et inhabiles à tous devoirs de citoyen; car ils outragent également les rois, dont ils profanent l'autorité, la loi qu'ils foulent aux pieds, et les hommes dont ils cherchent à anéantir les premiers et les plus sacrés des droits.

On éleva une colonne de bronze dans la citadelle d'Athènes, avec cette inscription : « Qu'Arthemius de Zélie, fils de Pythonax, » soit tenu pour infâme et pour ennemi des » athéniens et de leurs alliés, lui et les » siens, parce qu'il a fait passer de l'or des » mèdes dans le Péloponèse. » C'était;

---

(1) Punition imposée en Angleterre aux jurés qui ont prévariqué sciemment dans un jugement.

suivant les lois d'Athènes, mettre sa tête à prix, que de le flétrir ainsi.

Mais celui qui nous apporte les principes orientaux ; celui qui souffle le venin du fanatisme (1) ; celui qui, par ses écrits, fomente la corruption et l'esclavage, n'est-il pas plus coupable encore, que celui qui nous apporte l'or de nos ennemis? Les crimes littéraires ne sont-ils pas les plus grands des crimes ? Il m'importe peu que mon voisin ait des principes abominables, si je n'ai point affaire à lui ; mais divulguer et rendre publics des principes horribles ou même dangereux, c'est un délit social qui intéresse tous les citoyens. Elevons-nous sans cesse contre les monstres qui blasphèment la liberté.

Elle est l'ame de l'ame, la vie morale de l'homme, la source de toutes les vertus, la boussole de toute administration prospère, depuis les plus petits détails jusqu'aux plus grandes spéculations politiques ; la richesse,

(1) L'abbé de Cavelrac, si tendrement défendu par M. Linguet, avocat des Néron, des sultans et des visirs.

la gloire, le soutien des empires et des
princes qui les gouvernent. Quel homme
instruit, quel sujet fidèle pourrait donc ne
point l'aimer, quand l'instinct de l'humanité ne la réclamerait pas sans cesse? Et dans
quelle autre cause l'enthousiasme serait-il
plus permis?

Nous abandonnerions, disent les arrago-
nais dans le préambule d'une de leurs lois,
notre sol ingrat et stérile, pour habiter des
régions plus favorisées de la nature, si
notre liberté, défendue et garantie par
notre constitution politique, ne nous était
pas plus chère que toutes les jouissances d'un
pays plus fécond et moins libre... (1).

Et nous, dont l'heureuse patrie réunissait
tous ces avantages; nous, descendans de ces
fiers gaulois. dont la valeur, nourrie au sein
de la liberté, et sans cesse animée par elle,
arrachait aux historiens romains l'aveu de
l'effroi qu'elle inspirait à Rome, si accoutu-

(1) On lit dans les anciens auteurs des choses
très-étonnantes sur la puissance de l'Espagne, dans
le temps où, divisée en plusieurs états, elle jouis-
sait d'une liberté depuis tout-à-fait inconnue.

mée à voir ses consuls et ses légions humi-
liées par ce peuple belliqueux, que ce fier
sénat, juge et protecteur des rois, *ne pensait
qu'à sa sureté, et oubliait sa gloire* (1), *alors
qu'il avait à combattre ces ennemis redoutables;* nous, sous les coups desquels s'abat-
tit le farouche despotisme qui faisait ramper l'univers, nous laissons fuir de notre sein
cette liberté qui valut à nos pères leur
glorieux renom et la longue durée d'un
vaste et florissant empire.....

Hommes vertueux, luttez pour cette
liberté sainte. Le désir d'être utile à son pays
est le besoin d'une belle ame; et s'il est vrai
qu'il vient un temps où il n'est plus possible
d'arrêter le torrent; s'il est vrai qu'un peu-

----

(1) « *Quo metu Italia omnis contremuerat,*
» *illique et indè usquè ad nostram memoriam*
» *romani sic habuére; alia omnia virtuti suœ*
» *prona esse; cum gallis pro salute, non pro*
» *gloriâ certare.* » (Sallust., Jugurth.)
Cicéron appelle les gaulois, *la seule nation qui
né manque pas de force pour faire la guerre au
peuple romain. Gens.... quæ populo romano bel-
lum facere et posse, et non nolle videatur.* (3°.
Catilin.)

ple, plié à la servitude, envisage un homme
qui veut le bien, comme un insensé, et lui
nuit réellement quand il le peut, songez du
moins que l'exemple des vertus est la dette
des hommes vertueux ; que le courage et la
justice sont les premières des vertus, dignes
instrumens *de gloire et défenseurs de la liberté* (1) ; que le devoir et la conscience sont
des juges et des rémunérateurs incorrupti-
bles, et qu'il n'est aucun siècle qui n'ait
honoré *Caton, Helvidius, Priscus, Thra-
sea, Duranty, Goëbriant, Turenne.*

Alors que les grands hommes sont des-
cendus dans la tombe ; alors que les passions
et les intérêts particuliers s'évanouissent ;
alors que l'envie se tait, la voix de la postérité se fait entendre. Les illusions menson-
gères disparaissent ; les vaines clameurs ne
sont plus ; et si les grands talens et les vertus
fortes, persécutés et dédaignés, furent plus

---

(1) « *Duabus his artibus, audaciâ in bello,
ubi pax evenerat æquitate, se remque publicam curabant,* » dit l'énergique Salluste, dans
le magnifique portrait qu'il a tracé des premiers
romains.

d'une fois le tourment de celui que la nature
éleva au-dessus des autres hommes, il s'ap-
précia du moins au fond de son cœur ; il
devina le jugement de la postérité ; et le
tribut tardif de notre vénération et de nos
éloges, apprend à ceux qu'une noble émulation entraîne dans la carrière épineuse de
la véritable gloire, qu'ils se trouveront un
jour à la place qu'ils auront méritée, et que
les arrêts de l'opinion, le seuls durables, les
seuls auxquels n'échappe aucun mortel, sont
tôt ou tard équitables.

Les hommes aiment mieux attribuer leur
conduite à la corruption générale qu'à
leurs mauvaises inclinations : *il faut* disent-
ils, *telle ou telle chose pour réussir dans le
monde.* Quelle est donc la nécessité de réussir, au prix d'une action malhonnête !

J'ose dire qu'il faut, pour réussir, faire le
bien, et le faire avec audace. Il en résulte au
moins le plus grand des avantages : une
grande considération et une saine réputation.

Dans les cours, il n'y a que deux rôles à
jouer : celui d'un fripon qui sacrifie tout à
sa fortune ; ou celui d'un homme de la plus
exacte et de la plus rigide probité.

Il faut beaucoup plus de travail pour soutenir le premier rôle; le second va tout seul; et l'on arrive, ou l'on reste également par l'un et par l'autre. Tacite dit, en parlant d'un certain Lepidus, qu'il doute : *an..... liceat . . . . , inter abruptam contumaciam et deforme obsequium, pergere iter ambitione et periculis vacuum.* Pour moi, je n'en doute pas. Le chemin le plus âpre est presque toujours le plus court.

Si tous les hommes étaient persuadés de cette vérité, les princes entendraient moins de lâches adulateurs prostituer leur raison à soutenir des principes insensés et inhumains.

Je ne saurais comprendre, par exemple, quelle sorte d'observation ou d'expérience peut étayer ce raisonnement si commun et si ancien : *que les hommes, pour être tranquilles, ne doivent pas être heureux.*

S'il est une maxime impie, c'est assurément celle-là; mais elle renferme aussi le délire le plus inconséquent. Combien d'hommes cependant ont cru qu'elle contenait le grand secret de la politique !

Lycurgue, réformateur révéré, dont on a consacré toutes les violences et les visions ; Lycurgue appelait *la prospérité, la destruc-*

trice des mœurs , parricida morum. Il parlait
en déclamateur, qui ne connaissait ni les
hommes, ni le véritable bonheur. Non, sans
doute, la prospérité n'a jamais rien détruit :
c'est l'élément de l'humanité, ou du moins
l'objet constant et nécessaire auquel elle doit
tendre. Le despotisme et ses menées, le luxe
et ses piéges détruisent les mœurs et les états;
et l'un et l'autre détruisent aussi la véritable
prospérité : celle qu'ils semblent procurer,
n'est qu'une enflure trompeuse; et l'unique
et stable félicité ne se trouve que dans la
modération et la liberté. Ces vérités pratiques ne sont point des maximes morales ;
elles sont le résultat le plus simple, le plus
réitéré; le seul évident, le seul incontestable,
du peu de lumières certaines que nous avons
sur l'histoire de l'humanité.

Le faux principe de Lycurgue et de tant
d'autres philosophes tient à une première
erreur, qui aurait prescription, s'il en pouvait exister en fait d'erreurs. Les législateurs
qui n'ont pas puisé leurs législations dans la
loi naturelle, simple et évidente, c'est-à-
dire, dans la connaissance et l'expérience de
ce qui est toujours bon et avantageux à
l'humanité, ont couvert d'un voile épais et

mystérieux la science de la politique, qui devait être celle de tous les hommes.

On s'est imaginé communément que les opinions ordinaires et les vertus mêmes devaient changer de nature, et se plier au besoin de cette science factice, à l'abri de laquelle les ambitieux se sont rangés, et en ont imposé au peuple par de grands mots.

On n'a pas douté, par exemple, et c'est une maxime très-généralement reçue, que la politique doit *exclure la probité.*

Le juste Aristide se trompait, et manquait de lumière, lorsqu'il assurait que le projet de Thémistocle, qu'on soumettait à sa censure, était très-utile à la république, mais très-injuste. En réfléchissant davantage, il aurait trouvé ce projet aussi nuisible qu'injuste. Il n'y a de politique sûre que celle qui est fondée *sur la probité et la justice.* L'infortuné *roi Jean disait que si la vérité était bannie de la terre, elle devrait se retrouver dans le cœur des rois.* Ce noble sentiment, aussi conforme aux règles de la politique la plus habile, qu'aux principes de la vertu la plus pure, doit faire oublier les fautes de ce monarque; et les hommes qui pensent se souviendront plus long-temps de ce mot que de la bataille de *Poitiers*.

Le cardinal de Richelieu a recommandé aux rois *leur réputation, comme leur bien le plus solide* ; bel hommage, ce me semble, que le vice rend à la vertu. C'est une chose bien frappante que d'entendre proférer cette maxime à un homme qui détruisait par sa seule existence la gloire de son maître.

Mais ce ministre était habile : il savait que les choses n'ont de valeur réelle que celle que l'opinion leur donne, et que les princes doivent par conséquent prendre le plus grand soin de leur réputation.

C'est donc un principe aussi faux que malhonnête, que celui qui fait prévaloir ce que l'on appelle *maxime d'état, intérêt d'état*, sur la *probité. L'intérêt d'état* et *la probité* ne peuvent jamais être séparés ; il serait aussi absurde de le penser, que criminel de se conduire d'après ce principe; et ce n'a pas été pour moi un médiocre étonnement, que de trouver dans l'ouvrage estimé (et estimable à beaucoup d'égards) d'un savant et célèbre philosophe, *qu'il*

15 *

ne faut pas confondre le droit politique avec la politique, qui lui est souvent contraire (1). La probité est la première *maxime;* le *premier intérêt de l'état,* c'est d'être conduit avec *probité;* et cette qualité, connue dans le prince et ses ministres, sera son plus ferme soutien intérieur et extérieur.

D'ailleurs, qui s'est jamais repenti d'être juste et bienfaisant? Que les courtisans citent un seul exemple qui prouve que ces vertus ont nui aux princes! (2)

L'homme qu'on calomnie sans cesse auprès des rois, leur sait gré de tout le mal qu'ils ne lui font pas. Nous chérissons un bon prince; nous lui rendons un hommage de gratitude, comme s'il n'était pas en notre pouvoir de déposer et de punir les tyrans.

Une règle générale et vraie, c'est que

---

(1) Cette assertion est tout au moins ambiguë; et si l'auteur a cru que la *politique ne devait pas être contraire au droit politique, quoiqu'elle le fût,* cela valait la peine d'être dit dans les *Elémens de philosophie.*

(2) On sait que les espagnols refusèrent des ôtages que leur offrait Henri IV, dont la parole passait pour plus sûre que les traités les mieux cimentés.

l'on ne se plaint auprès du maître que du
bien qu'il fait; et l'on ne se plaint jamais,
loin de lui, que de ses injustices. Eh!
comment écouterait-il la voix d'un peuple
qu'il ne connaît que comme l'aveugle instrument de sa grandeur (1)?

« Ce ne sont jamais les bons sujets qui
» manquent aux rois; c'est le roi qui manque
» aux bons sujets, dit le célèbre et digne
» ami d'un grand monarque : la difficulté
» sera toujours, ajoute-t-il, de rencontrer
» un prince qui ne cherche point dans le
» ministre de ses affaires le ministre de ses
» goûts et de ses passions; qui, unissant
» beaucoup de sagesse à beaucoup de péné-
» tration, prenne sur lui de n'appeler à
» remplir les premières places, que les per-
» sonnes dans lesquelles il aura connu un
» aussi grand *fond de droiture et de raison*,
» que de *capacité*; enfin, qui, ayant lui-
» même des talens, n'ait point le faible de
» porter envie à ceux des autres. »
Tel était l'excellent Henri IV, que Sully

_____

(1) Et malheureusement lui-même est un bien
aveugle appréciateur de sa grandeur.

s'efforçait de peindre. Ce prince généreux avait fait la guerre depuis sa plus tendre enfance; il n'avait jamais eu le temps ni l'occasion d'étudier les détails de l'administration; il ne devait que connaître la science militaire, qu'il possédait supérieurement, quoi qu'on en ait pu dire.

Henri IV était bouillant et colère. Les traverses et les malheurs dont il avait été la proie, devaient encore l'avoir aigri, et faire prévaloir sa violence sur sa gaîté naturelle. Rosny, contrariant, austère, fier et absolu, fut son favori, par la seule raison que son maître devina ses talens et ses vertus.

Henri devait sentir pour ce ministre un véritable éloignement, d'autant mieux prétexté, que la religion du favori pouvait semer sans cesse d'obstacles les négociations nécessaires du prince avec le parti le plus puissant du royaume.

L'intégrité d'un ministre opiniâtre, hérissé de rudesse, dut bientôt acharner à la perte de Sully tous ceux qui n'avaient point de fond plus assuré de fortune, que les déprédations et le désordre des affaires.

Le penchant invincible d'Henri IV pour les femmes et pour le jeu, devait lui inspirer un extrême dégoût pour l'économie de son ministre, et surtout une aversion violente pour ses remontrances très-fréquentes, très-libres, et souvent remplies d'aigreur.

On devinerait bien, quand on ne le saurait pas, que les courtisans qui connaissent toujours parfaitement les faiblesses du maître, envenimaient sans cesse l'humeur du prince.

Quel courage ! quel amour de la gloire ! quelle sagesse ! quelle modération ! que de pénétration dans l'esprit ! que de noblesse dans l'ame ! que de combats ce grand roi s'était livrés, avant que d'avoir pris la résolution ferme, constante et invariable, de s'abandonner sans réserve à un ministre qui ne brigua jamais que par ses services la faveur de son maître !

J'ai cru devoir entrer dans ces détails, pour répondre à ceux qui reprochent à Henri IV, à cet homme adorable, dont le mot de *monsieur*, prononcé par un de ses enfans, effarouchait la tendresse paternelle; qui lui reprochent, dis-je, son *humeur despotique*; et c'est en effet les réfuter d'une manière satisfaisante, que d'observer sa modération; car le prince qui sait commander à lui-même, s'emporte rarement jusqu'à abuser de la supériorité qu'il a sur ses sujets.

Un roi moins généreux et moins grand se serait aisément persuadé qu'il pouvait exercer un pouvoir absolu sur un peuple si long-temps armé contre lui, et dans un pays qu'il avait conquis.

Mais il savait que le pauvre peuple, agité par les passions des grands, n'est que l'instrument de leur ambition et de leurs haines, et qu'on commet une injustice cruelle et sans fruit, alors qu'on exerce sur lui ses vengeances. Henri IV se livra donc sans réserve à toute sa magnanimité.

Quel despote que le prince qui pardonne à tous ses ennemis, après les avoir mis dans l'impuissance de résister ; qui paye les dettes de l'état obéré, et laisse quarante-cinq millions dans ses coffres !

Que le ciel, dans ses jours de bienfaisance, accorde aux nations un grand nombre de tels despotes !

Henri IV avait contracté dans les camps un ton absolu, une sorte de violence même, dont la nature avait mis le germe en lui ; mais quel moment de sa vie ne décelait pas

sa bonté paternelle, qui semblait ne laisser
d'autre différence entre lui et ses sujets, que
celle de la supériorité de son ame (1), que
nous adorons aujourd'hui, et que nous
pleurerons long-temps sur les ruines de la
patrie ?

Aucune nation, aucun siècle ne produi-
ront un autre prince capable des mêmes
vertus, si le besoin de ses alentours, d'étroites, d'importantes liaisons avec les hommes,
ne contribuent pas à le former. Charles V
et Henri IV, les deux plus grands rois de l.
nation, si Charlemagne n'avait pas exi é,
furent tous deux instruits à l'école du malheur, et apprirent, long-temps avant que de
tenir tranquillement le sceptre, que les
princes, qui sont les plus subordonnés de
tous les hommes, doivent les respecter.

Les rois, qui ne s'élèvent que par les choses, et que les choses instruisent mal, parce
qu'elles se plient presque toujours à leurs
volontés, à leurs passions, à leurs opinions,
paraîtraient peut-être les plus stupides de

_____

(1) *Par omnibus, et hoc tantùm cæteris major
quò melior.*

tous les êtres, si l'on savait combien ils ont communément peu de lumière et d'idées. On retient les paroles raisonnables qu'ils laissent échapper : c'est assurément la meilleure preuve qu'elles sont en petit nombre.

Il faut qu'un roi soit très-stupide en effet, pour ne pas juger bientôt sa propre administration. (S'il autorise l'erreur, et qu'il en soit lui-même le complice, il n'est plus stupide, il est un monstre.) Tous ses alentours le trompent à l'envi, je n'en doute pas ; mais l'embarras des ministres, la multiplicité de leurs expédiens, leur insuffisance, la pénurie des sangsues publiques, qui tôt ou tard, comme nous l'avons montré plus haut, sont enveloppées dans la ruine générale, dévoilent, malgré les courtisans, la misère publique, et présagent la dissolution de l'état.

La population et l'aisance, ces thermomètres infaillibles de l'administration, publient la vérité en dépit des flatteurs ; car le prince le moins instruit et le tyran le plus despote ne sauraient douter qu'ils ne sont puissans qu'en raison des hommes qui vivent et fleurissent sous leur empire.

Le dragon de *Cadmus* est l'emblème de la liberté ; les hommes naissent avec elle.

Avant le 9e. siècle, à peine existait-il une seule ville dans cet immense pays, qui s'étend depuis le Rhin jusqu'aux bords de la mer Baltique. Charlémagne paraît, et l'Allemagne change de face sous ce grand homme (1). L'excessive population des chinois vient de l'attachement qu'ils ont pour leur constitution douce et stable; qu'ils ne veulent échanger pour nulle autre : aucun d'eux ne voudrait s'expatrier; aucun ne voudrait ni fonder ni suivre une colonie.

Dans le despotisme, tout s'oppose aux progrès de la population, parce qu'elle suit toujours la gradation des richesses territoriales, que le despotisme détruit avec tout le reste...

D'ailleurs, la dépopulation y devient la suite d'un sentiment bien naturel. Les romains, malgré les ordonnances rigoureuses contre le célibat, se refusaient au mariage sous les empereurs, et craignaient d'avoir des enfans (2).

_____

(1) Il fonda les villes les plus considérables, deux archevêchés et neuf évêchés.

(2) *Nec ideo conjugia et educationes liberorum frequentabantur, prævalidâ orbitate.* (Tacit., Annal., lib. 3.)

C'est assez de traîner une existence malheureuse sans la doubler; et l'on ne vient pas chercher des chaînes: il n'en est point de douces, pas même dans les despotismes tranquilles ; car il en peut exister de tels. Un cadavre n'éprouve plus de convulsions, ceux-là même sont les plus redoutables ; une telle paix est une longue servitude. C'était la législation des romains dans leurs conquêtes (1). Le conquérant armé n'opprime que pour un temps ; mais le despote désarmé tire son droit de son forfait ; et les hommes apprennent dans les fers et sur l'échafaud, qu'ils ne sont sortis des mains de la nature, que pour être le jouet infortuné d'un petit nombre d'individus revêtus du pouvoir suprême, pour s'arroger exclusivement tout le bien possible (2) ; car c'est là le véritable signalement du pouvoir arbitraire; et j'ose ici défier ses vils apologistes, ceux

---

(1) *Ubi solitudinem faciunt, pacem appellant.*
(Tacit., Vit. Agricol.)

(2) Eh! si c'était leur bien, nous serions trop heureux ; mais un tyran est toujours un insensé : un despote est toujours un ignorant.

même qui ont le plus d'opinion de la subtilité de leur dialectique, d'en donner une
définition à laquelle je ne puisse, en l'analy-
sant à la rigueur, substituer celle-ci : *Le dés-*
potisme est la destination exclusive d'un
seul homme à employer tous les autres,
même à leurs dépens, à son seul profit,
ou plutôt à ce qu'il croit son profit.

On ne cesse de faire craindre aux rois la
désobéissance et la rébellion de leurs sujets :
on devrait plutôt leur faire honte d'assom-
mer des esclaves rampans. *Machiavel,* dont
le témoignage en faveur de la liberté ne sera
pas suspect; Machiavel lui-même voudrait
qu'un prince ou un grand homme qui aspire
à l'immortalité, choisît pour son gouverne-
ment et le théâtre de sa gloire un état cor-
rompu et en décadence, qu'il se proposerait
de rectifier et d'établir.

Quel parallèle pour un prince vraiment
désireux d'acquérir de la gloire, que celui
de *Lycurgue,* donnant des lois à des peuples
libres, et méritant ainsi l'hommage de la
postérité! et Sardanapale (1), les sens défail-

_____

(1) Ils étaient contemporains.

lans de volupté, l'ame énervée par son propre despotisme, commandant à un troupeau d'esclaves, et transmettant à la postérité, pour toute célébrité, un nom flétri par de crapuleuses débauches, le souvenir d'une autorité odieuse et illimitée, presque aussi avilissante pour le despote que pour l'esclave, et celui d'une stupidité féroce qui lui valut le sort ordinaire des tyrans!

Je désirerais que ces prudens conseillers qui alarment les princes sur les entreprises des sujets, et entretiennent sans cesse dans le cœur du maître la méfiance, l'un des premiers motifs de la tyrannie, citassent un seul exemple d'un peuple qui ait secoué le joug, sans avoir enduré long-temps une cruelle oppression. « Les plus grands maux, » dit Comines, viennent volontiers des » plus forts, car les plus faibles ne cherchent » que paix. »

Je voudrais aussi que les courtisans montrassent aux princes quand et comment ils ont retiré leurs maîtres de l'abîme où cette tyrannie qu'ils ont tant encensée, les a plongés.

Quel peuple s'est élevé contre son souverain, avant d'en avoir été foulé ?

C'est l'excès de la tyrannie qui excita les espagnols à secouer le joug intolérable des arabes.

Ce sont les vexations odieuses de Philippe II, qui valurent à la Hollande sa liberté (1).

Les suédois languiraient encore dans les fers ou dans les cavernes de la Dalécarlie, si les rois de Danemarck eussent arboré moins imprudemment l'étendard du pouvoir arbitraire ; si le plus atroce des tyrans n'eût livré la Suède entière aux convulsions du désespoir.

Si Charles XI n'eût pas tyranniquement foulé aux pieds les priviléges de la Livonie et de l'Estonie (2), la Suède, qui venait de recouvrer sa liberté, n'aurait pas été déchirée par de longues guerres, qui la plongèrent dans un tel épuisement, qu'elle n'en est pas encore relevée.

C'est du sein de l'esclavage le plus terrible, que les suisses ont recouvré la qualité d'hommes ; et je ne saurais m'empêcher de

_____

(1) Grotius dit : *Respublica casu facta quam metus hispanorum continet.*

(2) Qui lui avaient été cédés par le traité d'Oliva.

remarqüer ici , à l'honneur de ce peuple respectable , que , malgré les vexations et les brigandages atroces de ses tyrans , qui semblaient lui permettre une vengeance sanguinaire , il se contenta de chasser de son pays *Landenberg* et ses complices , et de recouvrer sa liberté , sans verser une goutte de sang.

On parle de la licence des anglais et de leur audace effrénée : sans les débats des *Yorck* et des *Lancastre*, qui se disputaient le droit d'opprimer les hommes , comme les tigres et les lions s'arrachent leur proie , ce peuple n'aurait jamais pensé à se ressaisir de sa liberté. Suivez les événemens qui lui valurent cette liberté (1), qu'il a achetée si cher, vous vous convaincrez qu'il n'y eut jamais de plan formé de conduire cette révolution jusqu'au dernier degré auquel elle est parvenue , et que les anglais ne doivent leurs lois et leur constitution qu'à l'excès de la

_____

(1) Ce n'est point ici le lieu d'indiquer les atteintes portées à cette constitution , ni de développer les causes qui présagent infailliblement l'altération de la liberté britannique.

tyrannie, qu'ils renversèrent, parce qu'ils
ne pouvaient plus la supporter. Il ne sera
pas inutile de remarquer que les habitans
des îles britanniques (1) obtinrent, ou plutôt arrachèrent au plus valeureux et peut-
être au plus habile monarque qui eût encore
régné sur l'Angleterre, la confirmation et
la stabilité de leur grande charte, monument
éternel de leur amour pour la liberté, et
rempart de leurs priviléges.

« Paraissez, sire, écrivaient à Henri d'Al-
» bret, roi de Navarre, ses sujets; paraissez
» seulement, aussitôt vous verrez jusqu'aux
» pierres, aux montagnes et aux arbres, s'ar-
» mer pour votre service (2). »

Ô princes, faites-vous aimer; c'est autant
votre premier intérêt que votre premier de-

---

(1) Je les appelle ainsi, parce que les anglais se
renouvelèrent par le sang qu'ils puisèrent dans les
veines de conquérans septentrionaux, dont les descendans devinrent presque les seuls habitans des îles
britanniques.

(2) Aïeul maternel d'Henri IV. Ce sont les
habitans de la ville d'Estelle en Navarre qui lui
écrivaient ainsi.

voir : aucun peuple ne changera de maître malgré lui.

Mais qui voudrait ramper à jamais sous une verge de fer ?

Sans doute il faudrait étouffer nos malheureux enfans au berceau, ou plutôt dérober de nouvelles victimes aux despotes, en nous refusant, comme les péruviens, au vœu de la propagation, si la liberté ne devait pas prévaloir tôt ou tard.

Sans doute il est important que les tyrans apprennent par l'expérience de tous les âges, que jamais le despotisme ne fut tranquille, stable et permanent.

Mais il faut aussi que les bons princes sachent et n'oublient jamais que si la bienveillance des hommes est la chose la plus nécessaire pour conduire leurs affaires et y réussir, elle est aussi toujours acquise à ceux qui leur sont utiles. Qu'ils ouvrent les annales de tous les peuples, ils verront que tout despote habile, qui a daigné du moins être juste, a obtenu l'amour de son peuple, aussi bien que sa docile obéissance.

Elisabeth, remplie de principes, dans un siècle où on ne les connaissait pas, fut très-absolue par caractère; car il est difficile.

avec autant de talens qu'on développa cette
grande reine, de porter à un plus haut degré tous les défauts de son sexe; et l'on sait
que le désir de l'autorité n'est pas la plus
faible de ses passions : mais elle ne voulut
jamais que la gloire de sa nation; elle voulut absolument et sans restriction l'observation des lois. Bien loin d'accorder une autorité sans bornes à ceux qu'elle employait
dans l'administration, elle les surveilla toujours, les tint dans la dépendance, dans l'a-
baissement même, et ne leur accorda jamais
inconsidérément les grâces, sur la distribution desquelles elle fut toujours très-réservée
pour les courtisans et les ministres; elle ne
se permit point ce gaspillage d'argent, cette
prodigalité, qui ne peut jamais être qu'un
vice, car la liberté ne coûte rien à un roi :
ce qu'il donne n'est pas à lui; il se trouve
prodigue avant que d'être libéral. Un prince
est fait pour *récompenser*, et non pour *donner*.
La vraie libéralité d'un prince, c'est *d'épargner* son peuple; car alors il fait du bien à
tous, puisque c'est de tous qu'il est payé.
Les *dons* nuisent aux *récompenses*, et deviennent ainsi des injustices. Cette profusion
meurtrière excite les importuns deman-

deurs , espèce d'hommes impossibles à assouvir (1), et ruine infailliblement une
nation , en réduisant bientôt aux expédiens
le chef, qui dès-lors foule aux pieds justice , priviléges ; qui livre son peuple à
toutes les extorsions que peuvent inventer
la maltôte et la cupidité. Elisabeth était
trop habile pour employer ces manœuvres
tyranniques et insensées; car elle savait bien
qu'elle serait une des premières à se ressentir de la ruine de son pays (2). Mais quand
elle eût eu moins de talens et de lumières,
l'heureuse et sage constitution , qui ne permet point l'usage des deniers aux rois
d'Angleterre , garantissait la nation des
guerres formidables de la fiscalité. En un
mot, si Elisabeth laissa échapper quelques
volontés arbitraires , elle se retint presque

---

(1) *Car*, dit Montaigne , *qui a sa pensée à
prendre, ne l'a plus à ce qu'il a pris.*

(2) Selden rapporte qu'Elisabeth refusa un subside
qui lui sembla trop fort, n'en prit que la moitié,
et remercia la nation du reste ; *faveur*, ajoute
l'historien, *qui fit grand bruit dans les pays
étrangers,* à la honte des autres princes.

toujours près de l'abus de son pouvoir,
et jamais les lois n'eurent plus de vigueur
que sous son règne : aussi fut-elle l'idole
de sa nation, et elle le mérita à beaucoup
d'égards.

Les princes apprendront donc, en réfléchissant sur les hommes et sur les événemens qui les agitent, que le peuple ne
veut jamais qu'être heureux ; que c'est là
son unique ambition et son seul objet ;
qu'il est impossible qu'il préfère le trouble,
la tyrannie et les factions, à un gouvernement fixe et modéré, quand le délire de
ses chefs ne le met pas en combustion ; et
qu'alors même il retombe tôt ou tard, par
l'impulsion du besoin, dans son état naturel, je veux dire *le travail*, *la modération et la bonhomie*.

Ils en trouveront la preuve jusques dans
l'étonnante catastrophe de Charles Ier., sur
les ruines duquel s'éleva l'habile et despotique Cromwel. C'est ici le triomphe des
déclamateurs royalistes ; il est bon de le rabattre à sa juste valeur.

Charles Ier. avait des intentions droites, un
caractère faible et l'humeur vindicative. Il
arriva sur le trône dans le moment où la

nation et le despotisme luttaient ensemble ;
il voulut suivre le plan de ses prédécesseurs,
et n'avait pas les talens et le génie nécessaires pour subjuguer son peuple. Il fut
détrôné, et périt par les mains de ses sujets.

C'est un délire de la liberté qui, long-
temps menacée, s'opprima elle-même, et
abusa de la victoire qu'elle remporta sur le
despotisme; mais à peine l'usurpateur eut-il
fermé les yeux, que tout fut rétabli dans l'ordre; le gouvernement militaire, qui, quoique
semblable au despotisme, l'avait terrassé,
tomba lui-même à son tour; et la liberté, à
laquelle il fit place, s'éleva sur les ruines du
pouvoir arbitraire : elle apprit même à se
méfier du militaire qui l'avait menacé,
après avoir détruit son ennemi.

Un prince faible, excité par des conseillers despotes, arma contre son peuple ; son
peuple fut contraint d'armer contre lui : il
fallut abattre le despotisme par ses propres
armes. Il s'en éleva un second aussi dangereux : les défenseurs de la liberté, obligés
de faire la guerre pour sa cause, furent au
moment de devenir eux-mêmes oppresseurs.
Le chef fut absolu; mais ce moment
d'ivresse cessa à la mort de ce chef, et l'au-

torité royale ne dut , après Cromwel , son rétablissement , qu'aux lois , et à leur influence sur la nation anglaise. Le premier ouvrage de la liberté fut le rétablissement de la puissance tutélaire. Ce peuple, *qui fut alors*, dit Bossuet, *plus agité dans sa terre et dans ses ports , que l'Océan qui l'environne* (1), et qui, dans son effervescence, venait de commettre un attentat inouï dans l'Europe , fut retenu par des règles d'hérédité , et n'osa faire aucune assemblée de parlement , qu'un roi légitime ne pût l'approuver selon la teneur des lois. La répugnance des anglais à enfreindre de sang-froid des lois qu'ils venaient de bouleverser, donna au général Monk , l'un des plus honnêtes et des plus habiles hommes de son temps, les moyens de faire prévaloir la royauté, et de la remettre sur la tête qui devait la porter.

Tout, dans un état, tout tient à la *liberté : l'instruction* (d'où dépendent *la modération* et *l'équité*, ces premiers liens des sociétés), les *mœurs*, le *génie*, le *courage*, la *considération*, la *puissance*, la *richesse*

---

(1) Oraison funèbre de la reine d'Angleterre.

16*

publique, L'HONNEUR, en un mot, et ce mot renferme toutes les vertus; car le célèbre et respectable Montesquieu s'est essentiellement trompé, lorsqu'il a établi une différence entre *l'honneur* et la *vertu.*

Le contraste des mœurs peut mettre quelque différence dans la manière d'exercer ou de montrer la vertu. Ces différences sont ce qu'on appelle *honneur* et *vertu*; mais le fond en est toujours le même; c'est toujours la *vertu* qui reste. Le brave *Lanoue*, surnommé *Bras-de-fer*, reçut un soufflet d'un insolent désarmé, avec le même sang-froid et peut-être plus de sang-froid qu'il n'eût reçu la piqûre d'un insecte : c'était là de la vertu ; c'était assurément de *l'honneur.* Un esclave enorgueilli est susceptible d'être un spadassin, et ne l'est pas de rendre le moindre service à sa patrie.

Si la liberté est le premier des ressorts pour l'homme, l'esclavage doit altérer tous les sentimens, émousser toutes les sensations et les dénaturer, étouffer tous les talens, confondre toutes les nuances, corrompre tous les ordres de l'état, et y semer la zizanie, germe de l'anarchie et des révolutions.

Dans un pays où le chef marche au pouvoir absolu, vous verrez l'homme de robe, despote envers les citoyens, méprisé par les autres ordres; l'homme d'église sera, pour ainsi dire, l'ennemi public; le militaire, successivement ignorant et mercenaire, deviendra à son tour un fléau national. Tous les hommes, divisés d'intérêt et de partis luttent les uns contre les autres, contrarient l'harmonie générale, et servent ainsi, sans s'en douter, le despote, dont le peuple paye, au prix de ses sueurs, et souvent de sa subsistance, les plaisirs et les caprices.

Point de véritable courage, point de vertus publiques, point de vertus privées dans un tel pays; car elles suivent la marche des mœurs; et les mœurs y sont infectées de tous les genres de corruption. On n'y connaît plus le respect filial (ce nœud sacré qui, dans le plus vaste et le plus heureux empire de l'univers (1), unit le prince, le gouvernement et les sujets), l'amour de sa femme et de ses enfans. (*Hi quique sanctissimi testes, hi maximi laudatores*); source

―――――――――――――――――

(1) La Chine.

du bonheur domestique, sans lequel l'homme ne peut rien; car on est et on ne peut être courageux, fort au dehors, qu'autant que l'on est heureux et aimé chez soi.

Un esclave ne sait pas même obéir, il ne sait que ramper ; le favori est aussi serf que le dernier de la nation ; toute place y est vile, mais avidement acceptée, parce qu'il serait dangereux de la refuser. Le courtisan est toujours dans une situation pénible entre la crainte et l'espérance ; son air est une transition subite et continuelle de l'insolence à la bassesse ; son cœur est le réceptacle de tous les vices : il a si bien formé son ame, qu'on peut dire qu'il n'en a point.

En un mot, un état despotique devient une sorte de ménagerie, dont le chef est une bête *féroce*, qui n'a guère que cette prééminence sur ce qui l'entoure. Considérez l'Asie, ce pays dont *il n'est jamais sorti un bon esclave* (1): les despotes y deviennent eux-mêmes les plus stupides automates, comme ils sont les maîtres les plus bar-

_____

(1) Mot de Démosthènes. (*Philippiques.*)

bares; tant il est vrai qu'un engourdisse-
ment destructeur succède, dans le despotisme, aux convulsions sanguinaires de la
tyrannie !

Nos rois, premiers *gentilshommes* et
vraiment chefs de la nation (1), étaient les
plus absolus des rois. Ce sentiment d'attachement et d'obéissance, décerné à nos souverains ; *premiers entre égaux* (2), qui

(1) « Je vous supplie, Madame, disait Fran-
» çois Ier., en informant sa mère de la levée du
» siége de Mézières ; je vous supplie vouloir man-
» der par-tout fere remersyer Dieu ; car, sans
» point de faute, il a montré ce coup qu'il est
» bon français. »

(2) Les rois n'étaient si précisément que cela
chez les nations septentrionales, qui se ressemblaient
toutes par leurs mœurs, leurs coutumes, leurs
traditions, etc., qu'il y avait une amende légalement infligée et perçue pour l'assassinat du prince,
comme pour celui de tout autre citoyen, avec
cette différence qu'elle était plus forte.

M. d'Alembert a très-bien prouvé que *princeps*,
relativement à *comites* (*principes pro victoriâ
pugnant, comites pro principe* Tacit., Mor. germ.),

prisaient notre estime et recherchaient notre
amour, se trouve dans les traces les plus
anciennes que notre histoire nous trans-
mette. Chez les anciens germains, l'autorité
civile était très-contenue et très-limitée (1) ;
mais l'attachement pour les chefs était sans
bornes ; ils étaient tout-puissans, dit Tacite :
Si conspicui, si prompti, si antè aciem agant;
alors c'était un déshonneur de leur survivre
dans un combat ; et quand la noblesse pouvait dire qu'elle était l'ornement du trône
en temps de paix, et son rempart en temps
de guerre (*in pace decus, in bello præsi-
dium*), son chef était plus despote que le
célèbre Darius, que tant d'esclaves ne purent
défendre contre un petit nombre d'hommes
libres.

Dans un temps tout militaire, sous un

---

ne pouvait signifier *que chef de ses compagnons.*
(*Primus inter pares.*)

Il est indubitable que le mot de *prince*, dans
sa vraie signification, veut dire *une personne du
premier ordre de l'état.* On sait que nos premiers
rois traitaient les pairs de *principes et primates
regni.*

(1) Lib. 6., c. 23.

jeune conquérant , un soldat ose dire à son
chef , à son roi qui le prie : *Nihil accipies ,
nisi quæ tibi vera sors largitur.* Clovis ,
obligé de dissimuler , ne peut et n'ose se
venger ; il attend un moment de revue (1) ;
il châtie le farouche soldat , mais c'est sous
le prétexte d'une faute de discipline militaire ; il punit comme général , et ne prétend rien comme roi : encore ajouterai-je
qu'il fut juge et bourreau , craignant sans
doute que sa vengeance , confiée à d'autres
mains , ne fût trompée.

La réponse de ce soldat est féroce sans
doute (2) ; mais quelle constitution que

---

(1) Les plumes gagées par le gouvernement ont
osé avancer dans un livre nouvellement imprimé,
et dont le titre m'a échappé, que ce soldat fut
puni au même instant, et ont démenti ainsi *Grégoire de Tours*, dans un des faits les plus connus
et les mieux constatés de notre histoire. Ce nouveau monument d'ignorance et de lâcheté est encore dû à M. Linguet , si je ne me trompe.

(2) L'exemple de Clotaire I*er*, est bien plus étonnant encore, et bien moins cité. En 553, ce prince
voulait accorder la paix aux saxons, qui lui offraient une grosse somme d'argent. L'armée voulait

celle où l'on peut puiser une telle férocité !
Combien le droit de propriété y était respecté ! quelle nation que ces francs ! Obser-
servez leur histoire : quels hommes ! quel
nerf ! mais aussi quel attachement ! quelle
générosité !

« Notre roi, dit Comines (1), est le sei-
» gneur du monde qui le moins a cause
» d'user de ces mots : *j'ai privilége de le-*
» *ver sur mes subjects ce qui me plaît* ; et
» ne lui font nul honneur ceux qui ainsi
» le disent, pour le faire estimer plus
» grand, mais le font haïr et craindre
» aux voisins, qui pour rien ne voudraient
» être sous sa seigneurie ; et même au-
» cuns du royaume *s'en passeraient bien,*
» *qui en tiennent :* mais si notre roi, ou
» ceux qui veulent l'élever ou agrandir,
» disaient : *J'ai des sujets si bons et si*

---

livrer bataille. Le roi renouvela ses instances ; les
français se jetèrent sur lui, déchirèrent sa tente,
dont ils l'arrachèrent. En un mot, il aurait couru
le plus grand danger, s'il n'eût conduit ses troupes à l'instant à l'ennemi. (*Grégoire de Tours.*)
(1) Chap, 19, édit. Lond., 1747.

» loyaux qu'ils ne refusent chose que je
» leur demande ; et je suis plus craint,
» obéi et servi de mes sujets, que nul autre
» prince qui vive sur la terre, et qui plus
» patiemment endurent tous maux et toutes
» rudesses, et à qui moins il souvient de
» leurs dommages passés. Il me semble
» que cela lui serait grand los, et en dis
» la vérité, que non pas de dire : je prends
» ce que je veux, et en ai privilége ; il le me
» faut bien garder. Le roi Charles Quint (1)
» ne le disait pas : aussi ne l'ai-je point
» ouï dire au roi ; mais je l'ai bien ouï
» dire à aucuns de leurs serviteurs, aux-
» quels il semblait qu'ils faisaient bien la
» besogne ; mais, selon mon avis, ils mé-
» prenoient envers leur seigneur, et ne le
» disaient que pour faire les bons valets,
» et aussi qu'ils ne savaient ce qu'ils di-
» saient.

» Et pour parler de l'expérience de la
» bonté des français, ne faut alléguer de
» notre temps que les trois états tenus à
» Tours, après le décès de notre bon maître

---

(1) Charles V.

» le roi Louis XI (à qui Dieu fasse par-
» don), qui fut l'an 1483. *L'on pouvait es-*
» *timer lorsque cette bonne assemblée était*
» *dangereuse, et disaient quelques-uns de*
» *petite condition et de petite vertu, et*
» *ont dit plusieurs fois depuis, que c'est*
» *un crime de lèse-majesté que de parler*
» *d'assembler les états, et que c'est pour*
» *diminuer l'autorité du roi ; et ce sont*
» *ceux qui commettent ce crime envers Dieu*
» *et le roi et la chose publique; mais ser-*
» *vaient ces paroles, et servent à ceux qui*
» *sont en autorité et crédit, sans en rien*
» *l'avoir mérité.*

» Est-ce donc sur tels subjects que le roi
» doit alléguer privilége de vouloir prendre
» à son plaisir qui si libéralement lui
» donnent ? Ne serait-il pas juste envers
» Dieu et le monde, de lever par cette
» forme que par volonté désordonnée ? *car*
» *nul prince ne le peut autrement lever*
» *que par octroi, comme je l'ai dit, si ce*
» *n'est par tyrannie, et qu'il ait excuse* (1). »

---

(1) Louis IX disait à son fils : » Sois dévot au
service de Dieu ; aie le cœur pieux et chari-

Qu'on juge, par ce beau fragment, de l'amour des français pour leurs rois, dans les temps où ils osaient parler avec autant de hardiesse.

Pourquoi redouter un peuple susceptible de force? Ne serait-il pas plus avantageux de mériter son affection?

L'homme n'est pas méchant, quand une institution superstitieuse ou un gouvernement tyrannique ne lui donnent pas l'exemple de la férocité, et ne lui laissent pas pour mobile la crainte, et pour toute passion la *cupidité*.

Lorsqu'une administration despotique a corrompu et dénaturé les hommes, ils peu-

---

» table aux pauvres, et les conforte de tes bien-
» faits; garde les bonnes lois de ton royaume;
» ne prends tailles ni aides de tes sujets, *si ur-*
» *gente nécessité et évidente utilité* ne te fait faire,
« *et pour juste cause, et non pas volontairement:*
« si tu fais autrement, tu ne seras pas réputé roi,
» *mais tyran.* « (*Testament de St.-Louis;* Bodin,
« *de la Rép.* l. 6, c. 2.)

Cette pièce se trouve dans le trésor de France, et est enregistrée à la chambre des comptes.

vent devenir les plus dangereux et les plus
insatiables animaux destructeurs. Tel qui
rampa sous l'inquisition, se signala par
ses forfaits dans le nouveau-monde (1).

---

(1) Ces monstres féroces qui lançaient avec des
dogues des hommes simples, et fuyant des sup-
plices affreux; ces conquérans avides d'or, de sang
et de carnage, qui virent sans étonnement les
prodiges d'industrie d'un peuple alors plus civi-
lisé que notre Europe ne l'était dans ces temps
sauvages, croyaient sans doute que les infortunés
mexicains méritaient anathême, parce que leurs
prêtres offraient à leurs dieux des sacrifices de
sang humain. Les inquisiteurs espagnols n'étaient-
ils pas plus criminels, quand ils joignaient aux
pratiques d'une superstition aussi cruelle l'intérêt
de leur cupidité, puisque le bien de leur victime
était confisqué à leur profit, tandis que les prêtres
mexicains n'étaient du moins que des fanatiques?

Il serait difficile d'imaginer, si cet ouvrage n'exis-
tait pas, qu'un homme ait pu publier un livre
tel que celui de Sepulveda, dont voici le titre :
*Democrates secundus : an licet bello indos prose-
qui, eis auferendo dominia possessionesque et
bona temporalia, et occidendo eos si resistentiam
opposuerint, ut sic spoliati et subjecti, facilius
eis suadeatur fides ?*

De même, dans les états où l'anarchie,
suite inévitable du despotisme (1), s'est introduite, les hommes deviennent des bêtes
furieuses, après avoir été des esclaves : c'est
alors l'époque *des Saint-Barthélemy*, *des*
Poltrot de Meré, *des Jacques Clément*,
des Ravaillac.

Mais il faut distinguer chez les hommes

---

(1) L'existence des hommes opprimés par le despotisme serait trop affreuse, si l'anarchie ne lui
succédait pas ; car c'est elle qui le renverse ; et c'est
dans son sein que germent les révolutions qui ré-
génèrent la société, et vengent les hommes.

Ainsi, tout semble suivre, dans l'ordre des choses
humaines, une révolution constante ; et nous retra-
çons sans cesse la circonférence du cercle dans lequel nous sommes circonscrits. *L'on pourrait ap-*
proprier aux hommes, dit Etienne Pasquier, *ce*
que le commun peuple dit des maisons nobles :
qu'elles sont cent ans bannières et cent ans ri-
vières.

La *prospérité* naît sous les pas de la *liberté*. On
abuse de cette *prospérité*, et la servitude lui succède bientôt. La *servitude* parvenue au dernier
période, amène une *révolution* qui redonne la *li-*
berté, etc. Le branle du *Poussin* est une idée sublime ; elle peut s'étendre à tout.

le caractère acquis, des penchans naturels.
Nous sommes, de tous les êtres, les plus sus-
ceptibles de modifications, et surtout de
passions extrêmes. Un peuple esclave est
toujours vil ; il peut être méchant et cruel,
car il est aigri, sombre et ignorant ; et
quand l'instruction ne serait pas le seul
rempart de la liberté contre la tyrannie,
elle serait toujours la première sauve-garde
de l'homme contre l'homme (1) : mais l'esclave est un homme mutilé. L'homme est
fait pour la liberté, comme pour l'air qu'il
respire. Un maillot trop resserré estropie
l'enfant auquel la nature destinait peut-être
les plus belles proportions. De même un
gouvernement arbitraire altère toutes les
facultés morales.

Laissez l'homme libre, rendez-le heureux, et fiez-vous à lui pour vous récompenser du mérite d'être juste.

O combien est *méprisable* un grand *méprisé*, puisque tant d'illusions concou-
rent à nous masquer ses vices, puisque les
hommes sont naturellement portés à savoir

_____

(1) Et c'est précisément la même raison qui fait
que l'instruction est le seul frein des tyrans.

gré des actions honnêtes les plus simples,
à ceux qui sont revêtus du pouvoir de faire
le bien et le mal !

Quand le peuple est libre, il est moins
mauvais juge qu'on ne croit communément;
quand il est esclave, il juge comme on
le fait juger.

Les hommes ne se sont-ils pas faits, dans
tous les temps, des divinités de ce qui leur
fut utile ?

Moritasgus, *Verjugodomnus*, *Beldducradus*, *Hogotius*, *Endovellicus* furent déifiés par les agrestes gaulois : c'étaient des
fondateurs de sociétés ; et la bienveillance
des hommes a donné, dans tous les temps,
l'immortalité à leurs bienfaiteurs (1).

Un *Flaccus*, un *Verrès* se firent décerner les honneurs divins en Grèce, en Asie;
mais ils furent la terreur de leurs contemporains, comme ils sont l'exécration de la
postérité.

Les méchans calomnient le plus souvent

---

(1) Cicéron dit au peuple romain, en parlant de
Romulus : *Ad deos immortales benevolentiâ famâque sustulimus*. (3ᵉ. Catil.)

les hommes, quand ils déclament contre leur injustice. Nous sommes tous, ou presque tous, équitables, lorsque nous apprécions les actions de nos semblables. Nous allons naturellement au devant de ceux qui nous font du bien ; et si les hommes ont quelquefois persécuté ceux qui cherchaient à les éclairer, c'est depuis que les fanatiques, les envieux, les méchans, c'est-à-dire, tous les instrumens, ou les complices, ou les protégés du despotisme, se sont fait des partis, et ont ameuté leur cabale contre le mérite qui blessait leur amour-propre, ou confondait leurs projets.

Laissez un libre cours à l'instruction ; elle sera accueillie par tous, et sera le bien de tous.

Les despotes, et les despotes mal-habiles, sont les seuls qui puissent redouter le jugement d'un peuple éclairé et libre ; car rien, dit un ancien, *n'est aussi suspect et ne fait tant d'ombrage aux méchans que la vertu.* (1) L'excellent et respectable Al-

_____

(1) *Nam regibus boni quàm mali suspectiores sunt, semperque his aliena virtus formidolosa est.* (Sallust., Catilina.)

fred, dont le génie, resserré par son siècle et les mœurs féroces de son peuple, ne pouvait se livrer à ses grandes et nobles vues, gémissait du peu d'instruction de ses sujets, et s'écriait : *Pourquoi les anglais ne peuvent-ils pas, comme il serait si juste, être aussi libres que leurs propres pensées* (1) ?

Un tel homme sentait qu'il aurait été bien plus réellement maître d'une nation éclairée, et qu'il y aurait eu toute autre influence.

Charlemagne, Charles V et tous les grands rois ont excité et encouragé l'ins-

---

(1) C'est du testament d'Alfred que M. Hume a tiré ces belles paroles. M. Grosley, dans son très-bon ouvrage intitulé *Londres*, a combattu cette interprétation du passage cité. Littérairement parlant, elle peut en effet paraître équivoque; mais je m'étonne que M. Grosley, qui défend si bien la cause des hommes et de la liberté, ait pu se refuser à entendre ces mots : (*Quod me oppor-tet eos demittere ità liberos sicut in homine cogitatio ipsius consistit*), dans le sens qui offre une maxime si belle, et si rarement sortie de la bouche d'un roi.

17 *

truction, et regardé l'ignorance comme le
plus grand des malheurs pour les princes
aussi bien que pour les sujets.

Les obstacles apportés à l'instruction,
les prohibitions qui gênent les presses, et
la publication des écrits publics, sont les
premières armes du despote, et celles dont
l'effet est le plus cruel à la liberté. Tibère
fut le premier despote romain qui osa hasarder cet acte de tyrannie(1). Critias, avant
lui, avait promulgué à Athènes une loi,
par laquelle il était défendu d'enseigner
dans cette ville l'*art de raisonner* (2). On
sait qu'Edouard Ier fit condamner et exé-

---

(1) « *Cornelio Cosso, Asinio Agrippâ Coss., Cre-*
« *mutius Cordus postulatur, novo ac tùm primùm*
« *audito crimine, quòd editis annalibus, laudalp-*
« *que M. Bruto, C. Cassium romanorum ultimum*
« *dixisset.* » Cremutius, dans le discours de défense qu'il tint en plein sénat, et que Tacite nous
a conservé, dit : « *Marci Ciceronis labro, qui Ca-*
« *tonem cœlo æquavit, quid aliud dictator Cæsar*
« *quàm rescriptâ oratione, velut apud judices,*
« *respondit ?* »

(2) L'un des trente tyrans que Lysandre établit
à Athènes.

cuter tous les poëtes gaulois, après la conquête du pays de Galles, de peur que la
tradition poétique de son ancienne indépendance n'enflammât ce pauvre peuple du
désir de la recouvrer.

Cette politique, qui interdit la liberté
d'écrire et de publier ses pensées, est aussi
mauvaise comme *politique*, qu'elle est barbare comme *loi*.

Elle est *mauvaise*, parce qu'elle doit inspirer la plus grande méfiance contre les
intentions du gouvernement.

Parce qu'elle doit établir entre le peuple
et ses chefs la confusion de la tour de
Babel.

Parce qu'elle rend inévitables les fautes
des ministres, qui ne sont ni éclairés, ni
conseillés, ni redressés, et qui ne craignent
ni la critique, ni les plaintes, ni le jugement sévère de l'opinion publique, qui ne
peut plus se manifester.

Les lois des douze-tables furent exposées
un an entier aux yeux de tous, avant d'être
promulguées ; tous les accueillirent et les
respectèrent.

Cette politique est barbare ; car comment
qualifier autrement la constitution d'un

état où le roi peut toujours faire la guerre
à la nation, sans que la nation puisse jamais être instruite de ses droits, des injustices qu'elle endure, des vexations dont
elle est la proie, sans qu'il soit possible de
se plaindre des ministres, de détromper le
maître, de lui lier les mains, s'il devient
un tyran ?

Qu'est-ce qu'une constitution où les satellites du despote peuvent toujours séduire
et tromper une partie des citoyens, tandis
qu'il n'est jamais permis à leurs compatriotes éclairés de les détromper ?

Qu'est-ce qu'un gouvernement où l'on
tient pour maxime, et, pour ainsi dire, pour
*loi, que toute règle, toute forme, toute
représentation, tous droits s'anéantissent
à l'arrivée du prince ?* (adveniente principe,
cessat magistratus) (1), et où personne n'a
le courage et le pouvoir de dévoiler et de
renverser cette maxime, aussi dangereuse
et effrayante qu'elle est absurde et ridicule ?
Il serait incroyable qu'elle fût admise dans
un pays sorti de la barbarie, si les rois de

_____

(1) Encyclop ; art. *Lit de justice.*

France n'avaient pas usé en mille occasions de cette étrange prérogative. Il ne
leur restait plus à faire que ce qu'ils ont
fait : c'était d'anéantir la magistrature, ou,
ce qui est plus tyrannique et plus dangereux encore, s'il est possible, c'était de
l'*avilir*. C'est assurément ici la place de
dire un mot de cet acte d'autorité formidable.

A l'époque de la destruction des parlemens, de cette singulière révolution qui
s'est faite, pour ainsi dire, d'elle-même,
et qui n'a coûté à celui qui en a paru l'auteur, que la peine de recueillir le fruit du
long esclavage des français ; à cette époque,
dis-je, beaucoup d'étrangers (1) ont applaudi
à ce que l'on appelait improprement *le
nouveau systéme*; et cela n'est pas étonnant.

Il n'ont vu dans ce changement que l'a-

––––––––––––––––––––

(1) Je ne parle que des étrangers ; car les partisans français de ces nouveaux établissemens ne
l'étaient que par ignorance, fanatisme, esprit
d'intérêt ou de vengeance, et ils ne sont pas
dignes qu'on fasse mention d'eux.

bolition de la vénalité des charges (abus
presque intolérable aux yeux de la raison),
dont l'exemple unique se trouvait en France),
et l'établissement de la justice *prétendue
gratuite*; illusion grossière, dont le méprisable *Maupeou* a voulu leurer la nation,
quoique le manque de moyens et sa sordide
cupidité ne lui aient pas permis de la tromper long-temps (1).

Peu d'étrangers connaissent à fond la
constitution française, parfaitement ignorée
de presque tous les français (2); peu d'é-

----

(1) C'est bien de lui qu'on a pu dire : *Non tàm
commutandarum quàm evertendarum rerum cupidus.* (Cicer. , *de Off.*, l. 2, c. 1.)

(2) Pas un seul historien français n'est satisfaisant à cet égard, et n'a, pour ainsi dire, effleuré
cette matière. *Tite-Live, Salluste, Tacite, César*
lui-même, encadraient sans cesse dans l'histoire
des faits celle des lois et des usages ; et nos annalistes craindraient d'afficher le pédantisme de la
jurisprudence, s'ils prenaient la même peine :
mais cela même tient encore à la liberté. Tout citoyen à Rome, tant qu'elle fut libre, avait droit
d'être instruit de ce qui l'intéressait; nul n'était
taxé, sans savoir sous quelle forme, d'après quel

trangers savaient qu'au premier soupçon
que la nécessité de la distribution de la *justice gratuite* servirait de prétexte au chancelier, les parlemens l'avaient offerte ; personne n'a pensé que l'abolition de la vénalité des charges n'avait pas même été mise
en délibération.

Mais ce que tout homme éclairé devait
sentir, c'était la violation manifeste et authentique d'un si grand nombre de propriétés. Or, toutes les propriétés se tiennent
inséparablement, comme les chaînons d'une
même chaîne, et sont également sacrées :
celui qui en attaque une est l'ennemi public ; car, par cela même, il les attaque
toutes.

Il ne paît pas, en quatre siècles, quatre

---

calcul, et pour quel emploi ; nul ne subissait un
jugement sans connaître les lois d'après lesquelles
il serait rendu. Des hommes puissans pouvaient et
devaient sans cesse réclamer pour le peuple ; et
cette réclamation ne pouvait jamais être éludée.
Nulle partie de l'administration n'était voilée. L'autorité qui s'avance au despotisme, cherche à tout
dérober, et son premier soin est de tout désunir.

hommes capables de prévoir jusqu'où peuvent aller les innovations : d'où l'on doit conclure que les changemens ou les nouveaux établissemens constitutifs sont rarement sans danger.

Mais il n'était pas difficile de prévoir que des hommes, presque tous désintéressés de la chose publique, assez vils pour dépouiller leurs compatriotes (1) ; et pour s'imposer le devoir effrayant de décider sur les propriétés et la vie des citoyens, sans avoir jamais étudié les lois (2), pourvus d'une existence fragile, précaire, avilie ; que des hommes gagés par la cour, esclaves très-rampans du roi, ou, ce qui est pis encore, de son chancelier, n'auraient pas le courage de lutter contre les coups d'autorité, et d'instruire la nation par leur résistance ;

---

(1) *Quis autem amicitior quàm frater fratri ? aut quem alienum fidum invenies, si tuis hostis fueris.* (Sallust., Jugurth.)

(2) C'est à l'érection de ces nouveaux juges qu'on a pu dire avec Tacite : *que la république était aussi tourmentée par les lois mêmes, qu'elle l'était auparavant par les vices. Utque antehàc flagitiis, tunc legibus laborabatur.* (Ann., lib. 3.)

que quand ils auraient ce courage, ils n'en auraient ni le droit, ni le pouvoir; par la raison que je renvoie mon valet lorsqu'il me désobéit.

Oh ! que le judicieux et pénétrant Philippe de Comines semble bien avoir lu dans l'avenir, quand il a dit (1) :

« Le prince tombe en telle indignation
» envers notre Seigneur, qu'il fuit les com-
» pagnies et conseils des sages, *et en élève*
» *de tout neufs, mal sages, mal raison-*
» *nables, violens, flatteurs,* qui lui com-
» plaisent, à ce qu'il dit. *S'il veut impo-*
» *ser un denier, ils disent deux; s'il me-*
» *nace un homme, ils disent qu'il faut le*
» *pendre,* et de toute autre chose sembla-
» ble, *et que surtout il se fasse craindre....*

---

(1) (*Mém.,* lib. 5, cap. 19, edit. 1747.) On trouvera quelque chose de plus frappant encore, par l'application qu'on en peut faire aux soi-disant nouveaux parlemens, dans un manifeste de Charles VII, encore dauphin, alors à Poitiers, avec le reste du vrai parlement; il y exhale les vérités les plus dures contre le nouveau parlement érigé par Isabeau de Bavière. (*Voyez Froissart.*)

» Ceux que tels princes auront ainsi, avec
» ce conseil, chassé et débouté, et qui,
» par longues années, auront servi, et ont
» accointance et amitié en sa terre, sont
» mal contens, et à leur occasion quelques
» autres de leurs amis et bienveuillans ; et
» par aventure, on les voudra tant presser,
» qu'ils seront contraints à se défendre,
» ou de fuir vers quelques petits voisins.

» Et ainsi par division de ceux de de-
» dans le pays, y entreront ceux du
» dehors. »

La première de ces prophéties se vérifie
depuis long-temps ; la seconde aura son
tour.

La plus grande partie des français gémi-
rait encore de ce prétendu malheur, tant
la nation est fidèle et constante, et tant les
liens de l'opinion sont difficiles à dissoudre.

Pour moi, citoyen du monde, frère de
tous les hommes, fidèle sujet des bons
rois (1), ennemi de tous les tyrans, j'envi-

---

(1) *Neque enim satis amarint bonos principes
qui malos satis non oderint,* disait Pline à Trajan;
et dans un autre endroit : *Scis ut sunt diversâ na-*

sagerai ce spectacle avec indifférence ; si
les français ne font que changer de maître ;
j'en serai témoin avec joie, si leur sort doit
être meilleur. *Or, après un règne despotique,
le meilleur jour est le premier.* (1).

Je n'ai d'autre intérêt que celui de la
vérité ; je n'ai d'autre occupation que celle
de la publier.

La persécution ne m'effraie pas ; car la
fortune et la faveur ne sauraient me séduire.
Je ne voudrais pas que ma nation méritât
le reproche que Tibère faisait aux romains(2),
et que nos princes eussent plus à se plaindre de la bassesse de leurs sujets, que les
sujets de la répugnance que leurs princes
ont à entendre la vérité.

Je l'ai dite telle que je la savais, telle
que je la voyais. Puissé-je inspirer à des
citoyens plus habiles et plus éloquens que

---

turd dominatio et principatus, ita non aliis esse
principem gratiorem, quàm qui maximè dominum
graventur.

(1) *Optimus est post malum principem dies
primus.* (Tacit., Hist.)

(2) *O homines ad servitutem paratos!* (Tacit.)

moi, le courage nécessaire pour apprendre
à leurs compatriotes que chacun d'eux n'est
en société que pour retirer de cette association son plus grand avantage !

Qu'un roi, chef de la société, n'est institué que par elle et pour elle.

Que tout souverain qui se dit tel, *par la
grâce de Dieu* (1), ressemble à Xercès, en-
chaînant les mers (2), ou frappant de verges
le mont Athos, s'il opprime son peuple,
et que ce peuple se soulève; car Dieu ne
saurait être que le juge inexorable et terrible des tyrans.

Que si l'*Hercule* de la fable, ou le *Sam-
son* de l'histoire sacrée existaient, et qu'un
pouvoir surnaturel les rendît invulnérables,
la force suffirait peut-être aux tyrans; mais
que la force la plus prodigieuse, succom-

---

(1) Charlemagne fut le premier qui employa ces
mots : *gratiâ Dei rex.* Il eût été noble, juste
et digne de ce grand homme d'ajouter : *et consensu
populorum.*

(2) Le célèbre *Canut*, le plus puissant prince
de son temps, se laissa mouiller par les vagues de
la mer aux yeux des flatteurs qui vantaient sa
puissance illimitée : belle leçon pour l'orgueil des
humains !

bant sous l'effort d'un très-petit nombre
d'hommes, chacun de nous, depuis le plus
superbe potentat jusqu'au dernier individu
de la société, a besoin du laboureur qui
sème et recueille, et de tous les hommes
ses semblables, qui l'aideront, s'ils en sont
aidés.

Qu'aucun homme n'a droit d'opprimer
un autre homme; car aucun ne voudrait
être opprimé; et si l'on tire un droit de
la force, un autre plus fort pourra toujours
revendiquer le même droit.

Que le citoyen peut et doit·défendre sa
liberté avec courage et opiniâtreté; que
celui même qui la défendrait avec frénésie, ne serait pas plus coupable que celui
qui se précipiterait avec rage sur le ravis-
seur de sa femme et de ses enfans, sur l'as-
sassin qui en voudrait à sa vie; car l'une
et l'autre défenses sont pour lui les plus
sacrés des devoirs.

Que l'homme n'a pas le droit d'apprécier
pour un autre homme le prix de la liberté,
ou le poids de la servitude (1).

_____

(1) *Nous craignons la mort et l'exil*, disait Ci-

Mais qu'il doit toujours assistance à son semblable, pour recouvrer celle-là et briser celle-ci ; car son intérêt et la nature lui en imposent également le devoir.

Que celui qui regarde avec indifférence l'intérêt général de la société, renonce à la protection de la société.

Que celui qui n'aide pas ses semblables renonce à en être aidé, qu'il s'isole au milieu du monde.

Que *les hommes ne doivent plus reconnaître* (1) *une puissance qui ne les nourrit pas*, et qu'ils doivent par conséquent renverser la puissance qui les pille et les opprime. Dans les contrées infortunées où s'exerce une telle autorité, on défend, sous des peines afflictives, la poursuite des sangliers qui ravagent les moissons. Le gou-

céron ; *et combien donc devons-nous redouter la servitude, le pire de tous les maux qui affligent l'humanité! Mortem et ejectionem quasi majora timemus quæ multò sunt minora.*

(1) *Les chinois*, dit l'auteur de l'*Histoire politique et philosophique du commerce des Deux-Indes*, *ne reconnaissent plus une puissance qui ne les nourrit pas.*

vernement est en effet trop ressemblant à ces animaux voraces et destructeurs, pour no pas les prendre sous sa sauve-garde (1).

Que le despotisme qui s'est introduit généralement dans presque toutes nos constitutions européennes, a dénaturé toutes les langues, toutes les idées, tous les sentimens mêmes.

Que l'intérêt personnel, devenu le mobile et le juge de toutes les actions humaines, a reculé sans cesse les bornes de l'autorité, pour recevoir le prix de ses ménagemens.

Que, pour pallier à leurs propres yeux leur faiblesse et leur lâcheté, les esclaves ont multiplié continuellement les acceptions, et augmenté la force des mots, de-

---

(1) Sous Guillaume-le-Conquérant, qui dépeuplait de vastes territoires pour planter des forêts, où crevait les yeux à quiconque tuait un sanglier, un cerf, ou même un lièvre, dans le même temps où l'on payait une amende modérée pour le meurtre d'un homme. (*Voyes M. Hume.*) Louis XI aimait passionnément la chasse, il la défendit.

Tous nos réglemens barbares de chasse ont été faits par des tyrans.

voir, *obéissance, soumission;* mais que ces
mots sont abusifs, et ne renferment aucun sens, lorsqu'ils ne sont pas le résultat des principes dont la connaissance des
droits de l'homme est la base.

Que les prêtres, dans tous les âges du
monde, partisans et fauteurs du despotisme,
caractère distinctif de leurs prétentions et
de leur esprit, soutiennent en vain *le dogme
de l'obéissance passive* : mensonge stupide,
fausseté monstrueuse, imputée à Dieu, at-
tribuée à l'Ecriture.

Que de tels principes sont une injure
faite à la Divinité; et qu'un tyran ne saurait être *l'oint du Seigneur.*

Que la religion chrétienne enseigne une
morale absolument contraire (1). « Les
grands, disait un de ses plus respectables
ministres à un redoutable despote, qui avait
tant sacrifié d'hommes et de récoltes à sa
gloire ; « les *grands ne doivent leur éléva-*
» *tion* qu'aux besoins publics ; et, loin que
» les peuples soient faits pour eux, ils ne

―――――――――――――

(1) M. Massillon, petit Carême, sur l'*Humanité
des grands.*

» sont eux-mêmes tout ce qu'ils sont que
» pour les peuples. Quelle affreuse Provi-
» dence, si toute la multitude des hommes
» n'était placée sur la terre que pour ser-
» vir aux plaisirs d'un petit nombre d'heu-
» reux qui l'habitent!... Ils perdent, ajou-
» te-t-il, le droit et le titre qui les fait
» grands, dès qu'ils ne veulent l'être que
». pour eux. »

Que toute autre morale est impie, car
elle est inhumaine ; que tout autre langage
part d'un lâche adulateur, ou d'un fana-
tique forcené.

Juges de la terre, dit le prophète, *vous
êtes des dieux et les enfans du Très-Haut.*
(Sans doute, car vous exercez le pouvoir
de faire du bien et du mal aux hommes ;
mais écoutez ce qui suit :) *Je vous ai dit
que vous êtes des dieux; mais vous mour-
rez comme les autres hommes* (1).

Celui qui juge les justices, *qui, du haut
son trône, interroge les rois* (2), ne saurait
consacrer l'oppression, ni pardonner

(1) Psaume 81.
(2) Esther, acte 3, scène 4.

18

à l'oppresseur ; et si l'empire des tyrans
est redoutable pour leurs faibles esclaves,
le pouvoir du ciel s'appésantira sur les tyrans (1).

L'inspiré de Dieu a dit : *Quiconque résiste aux puissances, résiste à l'ordre de
Dieu même.* Mais il n'a pas dit : *Obéissez
aux puissances contre l'ordre de Dieu même.*
Or, la loi naturelle, la loi du bonheur et
de la liberté des hommes, *est l'ordre de
Dieu même.*

Que les hommes sachent donc que la lo
divine n'est et ne saurait être que la plus
avantageuse pour l'humanité.

Qu'elle nous ordonne de regarder *les
états d'où la justice est bannie, comme
de purs brigandages* (2).

Qu'elle ordonne aussi de dire et de publier la vérité. « Qu'est son défenseur,
» dit Saint-Ambroise, si, du moment

_____

(1) *Regum timendorum in proprios greges,
Reges in ipsos imperium est Jovis.*

(Horat.)

(2) *Remotâ justitiâ, quid sunt regna, nisi magna latrocinia ?* (Saint-Augustin.)

» qu'on la voit, on la dit sans honte et
» sans crainte (1). »

Qu'il faut se méfier de tous les piéges
qu'on offre à la crédulité du peuple, qui
doit croire que toute maxime contraire à
son bonheur ou à sa liberté, est aussi criminelle aux yeux de l'Etre suprême, qu'à
ceux de notre raison, que nous tenons
tous de sa bienfaisance toute-puissante.

Qu'il faut donc mépriser les superstitieux
et abhorrer les fanatiques.

Qu'il faut repousser aussi cette urbanité
si vantée, dont les despotes tâchent de bi-
garrer nos mœurs, et qui suit constamment
la marche de la corruption.

Qu'il faut craindre de ressembler à ces
bretons, chez lesquels Agricola introduisit
le luxe et l'élégance romaine, qui y firent
de tels progrès, que les peuples conquis
imitaient jusqu'aux vices de leurs maîtres;
et décorèrent du nom de *politesse* la partie

---

(1) *Ille veritatis defensor esse debet qui, quùm
recte sentit, loqui non metuit nec erubescit.*

la plus réelle et la plus durable de leur
servitude (1).

Que, dans les siècles polis, où les mœurs
sont revêtues d'un vernis si uniforme et si
agréable, cette écorce séduisante couvre
tous les vices, *je veux dire la cupidité,
l'orgueil et la lâcheté.*

Que la douceur, l'indolence, l'inertie
présagent la décadence, et masquent la servitude.

Que la mollesse est plus dangereuse en
France qu'en tout autre pays, parce qu'ailleurs elle *abrutit, et qu'en France elle rend
l'esprit faux et délicat* (2) : de sorte qu'elle a
plutôt altéré le mœurs.

Que ce sauvage athénien, qui répondit
aux offres de service du despote macédonien : *fais pendre Philippe* (3), n'était pás

_____

(1) « *Paulatimque discessum ad delinimenta vi-
tiorum porticus, et balnea, et convivioruni ele-
gantiam; idque apud imperitos humanitas vocabatur, cùm pars servitutis esset.* » (Tacit., Vit.
Agricol.)

(2) Ami des hommes.

(3) Démocharès envoyé d'Athènes, à qui Philippe
demandait *ce qu'il pouvait faire pour le service
de la république.*

propre sans doute à être courtisan ; mais
qu'il était bien moins susceptible encore
d'être un vil esclave, et que nous aurions
besoin aujourd'hui de tels hommes, plutôt
que de diserts orateurs (1).

Que la présomption a perdu l'Europe (2)
et notre patrie ; qu'on ne loue guère les
petits talens que quand on n'a point de

---

(1) Qu'on ne prenne point ceci comme une satire contre les gens de lettres , si l'on peut appeler ainsi les *Moreau* et les *Linguet* ; j'ose assurer
que ceux de cette espèce sont rares. Ce ne sont
point les écrivains à réputation, du moins aujour-
d'hui , qui fomentent l'esclavage. En cultivant la
raison , et répandant les lumières, ils font connaître les *droits* et les *devoirs*. S'il en est quelques-
uns qui laissent échapper des principes trop peu
réfléchis , ou qui sacrifient à l'harmonie des mots
la justesse d'une pensée , il en est beaucoup qui
parlent avec une hardiesse très-noble de la liberté ;
et j'ai vu ces morceaux applaudis avec enthousiasme
au théâtre et aux séances publiques des académies.
J'ose le dire, en général, les ames se relèvent tellement, qu'il faudra bientôt du courage pour être
lâche ; et la nation reprendrait bientôt son énergie,
sans les tyranniques vexations du gouvernement.

(2) Voyez les anglais, etc., etc., etc.

18*

grandes vertus ; nous n'en avons plus assez
pour rougir de celles de nos pères, en
laissant retomber les yeux sur notre siècle ;
et, grâce *au bon ton* introduit dans la société , nous *persiflerions* aujourd'hui les
Bayard et les *Duguesclin*, parce que nous
ne pouvons plus les imiter (1).

Que nos pères, dont une triple enveloppe
d'airain défendait l'honneur et la liberté,
n'eussent pas été impunément le jouet d'une
cohorte de publicains et de ministres plus
avides encore ; que ces dignes guerriers
n'eussent pas plus souffert l'oppression intérieure que les insultes du dehors.

Qu'il serait temps d'essayer si leur mâle
et généreuse rudesse ne vaudrait pas notre
inépuisable patience (2) ; et qu'alors la
France ne serait plus l'objet du mépris des
étrangers, et la victime de l'oppression la
plus absolue et la plus multipliée.

---

(1) « Peu souvent, dit Plutarque, advient que
« les natures graves de ces hommes peu communs
« plaisent à la multitude, et soient agréables à une
« commune. » (*Trad. d'Amiot.*)

(2) *Patientia servilis*, dit Tacite.

. Puissé-je entendre dire enfin aux princes, avec non moins de hardiesse et de vérité :

Il faudrait bien de l'audace aux despotes, s'ils réfléchissaient sur les suites du despotisme.

De tous les empereurs qui succédèrent à Jules-César, jusqu'à Vespasien (1), aucun ne mourut que de mort violente. Depuis la ruine de la liberté romaine jusqu'à Charlemagne, trente empereurs furent massacrés.

L'Asie, en proie au fléau destructeur, nommé *despotisme*, dont elle fut le berceau, nous offre le théâtre des révolutions les plus fréquentes et les plus sanglantes.

On compte les tyrans qui sont morts dans leur lit d'une mort naturelle.

L'injustice, en un mot, a bien souvent

---

(1) Auguste fut empoisonné par *Livie*, son épouse. *Tibère* fut étouffé par *Macron*, son favori, pour frayer le chemin du trône à *Caligula*, qui périt par la main des officiers de sa propre garde. *Agrippine* empoisonna *Claude*, son mari. *Néron* termina lui-même sa vie. *Galba* périt, aussi bien que *Vitellius*, par la main des soldats. *Othon* enfin se poignarda lui-même.

détrôné des souverains ; mais elle n'a ja-
mais affermi les trônes (1).

O rois qui vieillissez dans une longue
enfance ; vous que la facilité, plus que
l'intérêt, mène à la tyrannie, tremblez
que votre propre intérêt, votre plus cher
idole, dessille vos yeux, et réveille en vous
la crainte prudente et les remords effrayans!
Les mains du fanatisme attentèrent sur les
princes les plus chéris et les plus dignes
de l'être. Quel despote osera dévaster ses
états sans crainte! Quel tyran peut espérer d'opprimer impunément vingt millions
d'hommes!

Le citoyen honnête, à qui l'amour de
la liberté donne le courage d'écrire et de
publier cet ouvrage, aussi estimable pour
les principes que faible par son exécution ;
le citoyen honnête qui ose se plaindre à
vous de vous, abhorre les assassins, et se précipiterait au-devant de l'esclave forcené qui
leverait une main criminelle sur votre sein.

Mais ce même citoyen serait aussi le pre-

_____

(1) Massillon, sur les *Obstacles que la vérité trouve*
dans le cœur des grands. (Petit Carême.)

nier à repousser vos cohortes mercenaires,
et crierait à ses compatriotes :

Le monarque n'est respectable qu'alors qu'il
est le père, le défenseur, l'organe de la patrie,
pour l'avantage de laquelle il fut élevé.

Le devoir, l'intérêt (1) et l'honneur or-

---

(1) Il existe en Angleterre une loi obtenue par
la chambre des communes, sous le règne de l'usurpateur Henri IV, par laquelle il est porté qu'aucun
juge, convaincu d'avoir prévariqué dans ses fonctions, ne pourrait être excusé sur l'allégation jus-
tificative d'un ordre et même d'une menace du roi,
quand il aurait risqué sa vie en y résistant. (*V.
M. Hume, Hist. de Plantagenet.*)

Cette loi, belle et sage dans ses dispositions,
est, dans tous les sens et tous les cas possibles,
conforme à l'exacte équité ; car celui qui ne se sent
pas la force de remplir un devoir, quelque risque
qu'il coure en s'en acquittant, ne doit pas se l'imposer. *Les juges*, dit l'Écriture, *n'exercent pas
la justice de la part d'un homme, mais de la
part de l'Éternel.* Leur conscience est donc leur
premier souverain, et la justice leur unique devoir.

On connaît la vile subtilité du cardinal de Bi-
rague, chancelier sous Henri III, qui s'excusait
de ses lâches déférences, *sur ce qu'il n'était pas
chancelier de France, mais chancelier du roi de*

donnent de résister à ses ordres arbitraires,
et de lui arracher même le pouvoir, dont
l'abus peut entraîner la subversion de la liberté, s'il n'est point d'autres ressources
pour la sauver.

Vous devez tout à l'observation des lois,
et vous n'êtes tenu à l'*obéissance* et au *respect* que relativement à elles (1).

France. Ainsi, il préférait être le valet ou le satellite d'un mauvais prince, à remplir le devoir d'officier public, et de défenseur des droits des hommes
et de la nation.

(1) Ce principe est évident, et doit servir de
base à toute la science à la morale. *La majesté
du souverain, dit la loi positive, ne s'explique
jamais plus dignement que lorsqu'il reconnaît hau-
tement que son pouvoir est borné par les lois. Se
soumettre à leur empire, c'est quelque chose de
plus grand que l'empire même. Digna vox est ma-
jestate regnantis, legibus alligatum se profiteri:
adeo de auctoritate juris nostra pendet auctoritas;
et reverà majus imperio est et submittere legibus
principatum, et quod licere nobis non patimur,
aliis indicare,* disaient les empereurs Valentinien
et Théodore II dans leurs lois.

Pline disait à Trajan : « Tu nous gouvernes, et
« nous t'obéissons, mais comme nous obéissons aux

Oui, prince, vous êtes assez malheureux pour ne l'avoir jamais entendu ; mais il est temps de l'apprendre.

» Où la liberté perd ses droits, là se » trouve la frontière de votre empire. »

Puissiez-vous, en entendant ces vérités nouvelles, vous réveiller du profond assoupissement dans lequel vous êtes plongé, ranimer votre ame à la véritable gloire, je veux dire à celle de réparer ses fautes, et vous écrier : « Soulageons mon peuple ; re- » levons ma nation : il en est temps encore, » car j'aperçois quelques traces de la liberté » mourante (1). »

• lois. « *Regimur quidem à te et subjecti tibi, sed, quemadmodum legibus sumus.*

Trajan recevait ces principes comme l'éloge le plus flatteur. Nos ministres d'aujourd'hui font brûler les livres qui les contiennent, et enfermer les auteurs, quand ils les connaissent.

(1) *Manebant etiam tum vestigia morientis libertatis.* (Tacit., Annal.)

FIN.

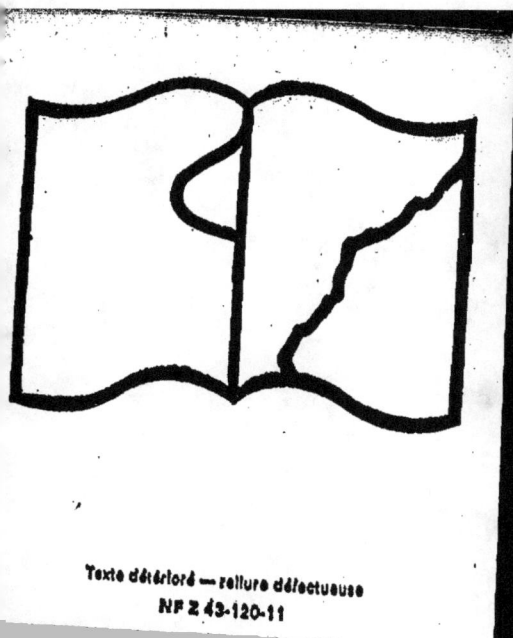

Texte détérioré — reliure défectueuse
NF Z 43-120-11

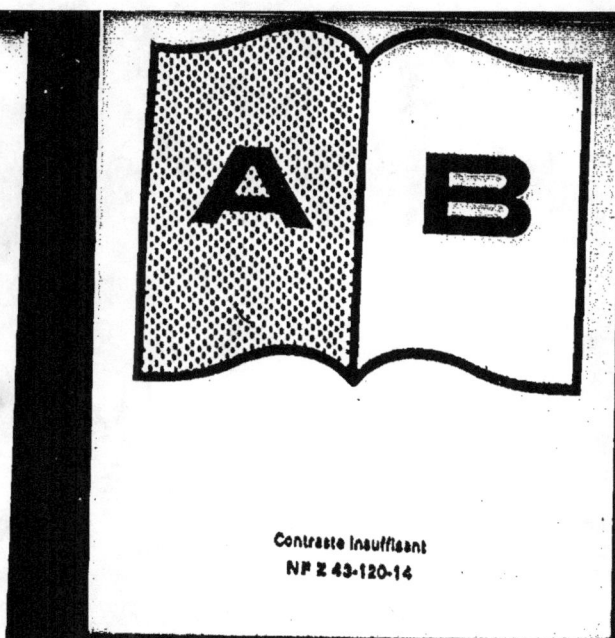

Contraste insuffisant
NF Z 43-120-14

www.ingramcontent.com/pod-product-compliance
Lightning Source LLC
Chambersburg PA
CBHW071629270326
41928CB00010B/1845